Abigail Ahern vermittelt ihr designerisches Wissen durch die anschauliche Analyse von Räumen und leicht nachvollziehbare Schritt-für-Schritt-Anleitungen. Ein ausführliches Kapitel über Werkzeuge und wichtige Techniken hilft Do-it-yourself-Neulingen, die ersten Klippen zu umschiffen. Die Autorin erläutert alle wesentlichen Aspekte der Raumgestaltung – Planung, Farbe, Licht, Textur und ganz persönlicher Glamour – und macht Mut, jedem Raum den eigenen Daumenabdruck aufzuprägen. So wird aus jeder gewöhnlichen Wohnung ein tolles und stimmungsvolles Ambiente.

get creative!

Der praktische Guide für individuelle Raumgestaltung

abigail ahern

Fotos von Graham Atkins-Hughes

Deutsche Verlags-Anstalt

Intro 6

Raum-Update • Welcher Stil soll's sein? • Was ist möglich? • Große Ideen, kleines Budget • Get creative

Planung 16

Gut durchdacht • Die Illusion von Raum • Platz gewinnen

Glamour 50

Der Wow-Faktor • Schaustücke • Persönliche Kleinigkeiten • Kunst • Der letzte Schliff

Farbe 86

Was Farbe leistet • Mit Pinsel und Rolle • Farbige Muster

Raum-Update

Glückwunsch zur neuen Wohnung! Nur dumm, dass die eine stilistische Katastrophe ist. Aber ehe du in Panik gerätst, schau noch mal genauer hin. Es kann gut sein, dass sich das Problem trotz der gruseligen Tapeten und anderer Hässlichkeiten aus dem vorigen Jahrhundert mit relativ wenig Aufwand lösen lässt. Nimm dir einen Sonntagnachmittag (viel mehr muss es nicht sein!), um dein Do-it-yourself-Talent zu entdecken, und schaffe in muffig-tristen Zimmern ein trendiges Ambiente. Es kostet wenig, ist einfach und macht enormen Spaß. Zeitgemäße Raumgestaltung ist gerade deshalb so großartig, weil einfach alles geht. Mit einer Portion Kreativität, einem Blick für gute Angebote und einigen praktischen Tricks kannst du eine altmodische Wohnung in ein Zuhause voll origineller Überraschungen verwandeln!

So stylish kann eine über 100 Jahre alte Wohnung aussehen. Holzböden, Wände und Türen wurden in einem dunklen Farbton gestrichen, um für den Couchtisch – mit Sprühfarbe in Neonpink lackiert – einen kontrastreichen Hintergrund zu schaffen. Dazu verschiedene Leuchten vom Trödler, interessante Bilder und Skulpturen, eine witzige Tapete: Fertig ist ein Raum, der für Gesprächsstoff sorgt. Shabby Chic und High-Tech-Industriestil vertragen sich bestens!

Welcher Stil soll's sein?

Der angesagteste Wohntrend heißt Eklektizismus. Ob du für alle Räume ein einheitliches Gestaltungsschema wählst oder Stile und Epochen bunt mixt, immer geht es um visuelle Kontraste mit einem kräftigen Schuss Witz. Und wie gelingt nun eine Einrichtung, die mit Originalität überrascht und mit Farben und Proportionen, Texturen und Licht spielt, dabei aber gleichzeitig harmonisch und ausgewogen wirkt? Das Erfolgsgeheimnis besteht darin, ein Element zu wählen, das alle Komponenten miteinander verbindet, zum Beispiel eine Farbe, eine Textur oder einen bestimmten Stil der Möbel. So ein gemeinsamer Nenner gibt dir den Spielraum, deine Wohnung mit Details zu füllen, die dir am Herzen liegen. Kombiniere einfach drauflos!

Diese Schminkecke wirkt persönlich, ein bisschen künstlerisch und auch ein wenig sonderbar, aber keine Spur statisch. Der gemeinsame Nenner ist hier die verschwenderische Fülle von Texturen mit betont femininer Ausstrahlung. Das Gemälde und die antiken Flakons unterstreichen diesen Charakter.

Was ist möglich?

Bevor du loslegst, schau dir den Raum genau an und überlege dir, welche Rolle er spielen soll. Nimm dir Zeit für die Bestandsaufnahme. Manchmal ist es sinnvoll, eine Wand zu durchbrechen, um aus zwei kleinen Räumen einen zu machen. Oder müssen vielleicht Wasseranschlüsse umgelegt werden? Abriss-, Mauer- und Zimmermannsarbeiten, Verputzen sowie alle Arbeiten an Wasser-, Gas- und Elektroinstallation solltest du unbedingt qualifizierten Fachleuten überlassen, falls dein Budget solche Maßnahmen überhaupt zulässt. Aber auch wenn eine Grundsanierung nicht möglich ist, besteht kein Grund zur Verzweiflung. Viele Wohnungen gewinnen schon durch eine wohl durchdachte Umgestaltung – und die kannst du weitgehend selbst und ohne die Hilfe teurer Fachleute durchführen. Baumärkte sind wahre Schatzkammern und Schwellenangst ist völlig überflüssig.

Ein Wanddurchbruch als »Innenfenster« schafft eine optische Verbindung zwischen zwei Räumen und durch einen Anstrich in Weiß wirken die Räume viel heller und geräumiger. Auf dem Fenstersims können persönliche Kleinigkeiten zur Schau gestellt werden. Ein witziges Detail ist die Tafel, auf der die Weisheiten des Tages notiert werden können.

Große Ideen, kleines Budget

Jede Frau weiß, dass Stil nichts mit Geld zu tun hat – insofern muss ein schmales Budget keineswegs den Ideenreichtum einschränken. Schließlich geht es doch um deinen ganz persönlichen Stil! Tobe dich auf Wänden und Böden mit berauschenden Farben und Mustern aus. Gib alten Möbeln mit einer fetzigen Lackierung aus der Sprühdose oder mit originellen neuen Griffen ein neues Gesicht. Oder überrasche deine Besucher mit einem ungewöhnlichen Arrangement von Bildern und Fotos. Vieles kann man aufmöbeln, zweckentfremden oder neu erfinden, um aus faden Räumen eine trendige Wohnung zu machen – und all das, ohne die Bank zu sprengen.

Es war gar nicht teuer, dieses Wohnzimmer chic zu machen. Das gekaufte Regal wirkt kompakter und auffälliger, weil es sehr niedrig aufgehängt wurde. Der Bilderrahmen aus dem Secondhandshop wurde mit hochglänzendem Sprühlack veredelt und vor dem intensiven, aber einheitlichen Farbton von Wänden und Boden ist die nostalgische Leuchte ein schöner Hingucker.

✳ Get creative

Wenn ich Heimwerker-Neulingen nur einen einzigen Rat geben dürfte, wäre es dieser: Leg einfach los! Die meisten Menschen trauen sich zu wenig zu und denken, dass selbst einfache Arbeiten ein Fall für Raumausstatter oder professionelle Handwerker sind. Lies weiter, dann wirst du viele praktische Tipps finden, die dir helfen, deine Wohnträume eigenständig zu verwirklichen – ob es um effektvolle Farbkombinationen geht, um gelungene Fensterdekorationen oder um architektonische Details, und nicht zu vergessen all die kleinen, liebevollen Handgriffe, durch die eine Wohnung glamourös und individuell wird.

Überlegst du immer noch, ob du die Renovierung wagen willst? Na also!

Stapel von Zeitschriften und Büchern in Regalen, auf dem Boden und in Reichweite des Schreibtisches bilden hier eine zwanglose Bibliothek. Weil alle sorgsam nach Größe und Farbe sortiert sind, wirkt das Arrangement trotzdem nicht unordentlich. Ganz nebenbei lassen sich auf solchen Bücherstapeln auch hervorragend die Lieblings-Dekostücke ausstellen!

Planung

Gut durchdacht

Bevor du deinem Tatendrang nachgehst, überlege dir kurz, wofür genau du den Raum nutzen wirst. Das klingt selbstverständlich, aber eine gelungene Raumplanung orientiert sich am individuellen Lebensstil und berücksichtigt drei Aspekte: Funktion, Anordnung und Stil. Was willst du in dem Raum tun: mit Freunden zusammensitzen, schlafen, essen, entspannen? Oder hat der Raum mehrere Funktionen, und ist es vielleicht besser, jeder eine eigene Zone zuzuweisen? Hat der Raum besondere Vorzüge oder Nachteile? Willst du vielleicht hässliche Heizkörper verstecken, einen schönen Kamin oder elegante, hohe Fenster betonen? Zeichne einen maßstabsgetreuen Grundriss und experimentiere mit verschiedenen Möbel-Anordnungen, um die beste Lösung zu finden. Ein U-förmiger Sitzbereich beispielsweise wirkt intim und macht das Plaudern leicht, paarweise aufgestellte Ablagetische oder Leuchten sorgen für Ausgewogenheit. Wenn es möglich ist, rücke die Möbel von den Wänden ab, weil der Raum dann fließender wirkt. Welche Atmosphäre möchtest du schaffen: gemütlich, extravagant, formal? Alles geklärt? Dann kann es losgehen.

Es ist nicht ganz leicht, kleine Räume mit mehreren Funktionen in Zonen zu gliedern. In diesem Wohnzimmer mit Schreibtisch wurde stattdessen auf verbindende Elemente gesetzt. Durch die Möbel, die nicht nach Büro aussehen, fügt sich der Arbeitsplatz gut in die Wohnatmosphäre ein. Ordner und Kästen, deren Farben auf die Raumgestaltung abgestimmt sind, schaffen Übersicht und Ordnung.

Gut durchdacht

Mehrzweckräume

Kaum jemand hat heute für jeden Zweck ein separates Zimmer. Moderne Räume müssen mehr leisten. Der Begriff »Abgrenzung« mag etwas schroff klingen, doch auf diese Weise kann man Mehrzweckräumen eine intimere Atmosphäre verleihen und Bereiche, die man nicht immer vor Augen haben will, verstecken. Wenn du einen Arbeitsplatz oder eine ruhige Ecke zum Lesen brauchst, genügt ein dekorativer Paravent, ein freistehendes Bücherregal (Seite 42) oder eine Gruppe großer Pflanzen als Abgrenzung. Solche gliedernden Elemente geben auch großen Räumen, die nur eine Funktion haben, sympathische Intimität. Wenn in einem kleinen Raum ein hoher Raumteiler zu wuchtig wirkt, genügen auch verschiedene Teppiche, die jeder Zone ihren eigenen Charakter geben. Für welche Art der Abgrenzung du dich auch entscheidest: Immer entstehen dabei kleine Rückzugsbereiche zum ungestörten Lesen, Arbeiten oder Entspannen.

Wandhohe Fenster sind der Blickfang dieses Wohnzimmers – und daran orientiert sich auch die Möbelanordnung. Sofas und Sessel stehen einander gesprächsfreundlich gegenüber. Die Formen sind einfach gehalten und ein großer Teppich trennt den Sitzbereich vom restlichen Raum ab.

TIPP: Teppiche und Sitzkissen mit interessanten Texturen lockern die geometrischen Linien eines Raumes auf.

Gut durchdacht

Klein und hell

Kleine Räume verlangen Einfallsreichtum, denn es ist schwierig, sie attraktiv zu gestalten. Die Größe selbst lässt sich meistens nicht verändern, man kann aber doch viel tun, um die Wahrnehmung seiner Dimensionen zu manipulieren. Mit minimaler Möblierung und kreativen Aufbewahrungslösungen (Seite 41) wirken Räume automatisch größer. Schlichte, sparsame Fensterdekorationen lassen viel Licht herein, und mit hellen Farben kann selbst eine kleine Kammer luftig und freundlich sein. Passive und neutrale Farben verringern das optische Gewicht der Wände und lassen Räume größer wirken, als sie tatsächlich sind. Damit solche neutralen Farben nicht fade wirken, muss für ausreichend visuelle Abwechslung gesorgt sein, beispielsweise durch Muster und Texturen von Tapete oder Möbeln. Das bringt Leben in den Raum und unterstreicht seinen Charakter.

Die winzige Schlafkammer wirkt wegen der neutralen Farbpalette nicht beengt. Die Tapete hat ein dezentes Muster, ansonsten sind die Wände frei und die Möblierung beschränkt sich auf ein Minimum. So sieht eine Oase der Ruhe aus. Für den angrenzenden Raum wurden die gleichen Farben gewählt. Bei offener Tür kann der Blick ins Nebenzimmer schweifen – auch das wirkt dem Gefühl von Enge entgegen.

siehe auch:
Farbe S. 88
Licht S. 151

Gut durchdacht
Klein und dunkel

Ich habe eine Schwäche für kleine, dunkle Räume. Sie sind gemütlich, intim, dramatisch, kuschelig – und noch so viel mehr. Es heißt, dass dunkle Farben Räume kleiner machen, aber das stimmt nicht unbedingt. Kleinen Räumen steht einfach kein kunterbuntes Farbenchaos, darum sollte man mit Kontrasten geizen. Verwendet man für Boden, Wände und Decke dieselbe Farbe, verschwimmen ihre Grenzen und man nimmt die geringe Größe des Raums weniger wahr. Eine raffinierte Beleuchtung tut ein Übriges. Versenkte Halogenstrahler in der Decke, am äußeren Rand angeordnet, rücken die Wände optisch in die Ferne. Ein bewährter Trick ist auch ein Deckenanstrich mit hochglänzender Kunstharzfarbe, die das Licht reflektiert. An der Größe eines kleinen Raums lässt sich nichts ändern, also muss man aus dem Vorhandenen das Beste machen.

Einladend, luxuriös und supersexy: Dieses Schlafzimmer mit Wänden und Decke in tiefstem Schwarz hat Drama. Tischleuchten lenken den Blick in die Ecken des Raums und zaubern in dem stimmungsvoll-düsteren Ambiente weiche Lichtinseln.

siehe auch:
Farbe S. 92
Licht S. 157

TIPP: Nicht umziehen, sondern anstreichen! Farbe kann
langweilige Räume im Hand-
umdrehen aufregend machen.

TIN DRUM
TRILOGY

PAUL CHAN

Raumanalyse

Ein Durchbruch zwischen Küche und Esszimmer ist eine größere Maß-
nahme. Aber auch mit kleinen Veränderungen lässt sich viel bewirken.

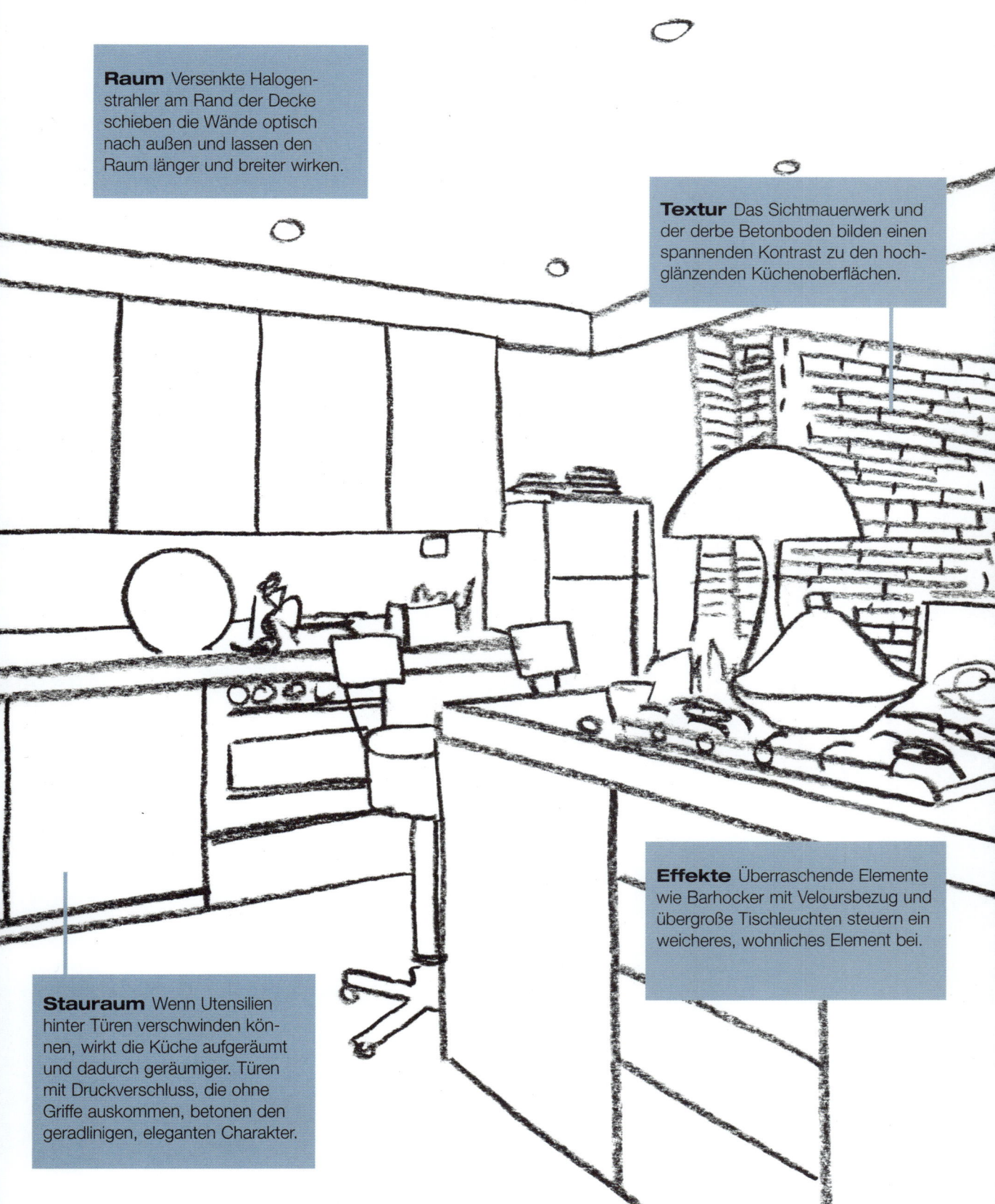

Raum Versenkte Halogenstrahler am Rand der Decke
schieben die Wände optisch
nach außen und lassen den
Raum länger und breiter wirken.

Textur Das Sichtmauerwerk und
der derbe Betonboden bilden einen
spannenden Kontrast zu den hoch-
glänzenden Küchenoberflächen.

Effekte Überraschende Elemente
wie Barhocker mit Veloursbezug und
übergroße Tischleuchten steuern ein
weicheres, wohnliches Element bei.

Stauraum Wenn Utensilien
hinter Türen verschwinden können, wirkt die Küche aufgeräumt
und dadurch geräumiger. Türen
mit Druckverschluss, die ohne
Griffe auskommen, betonen den
geradlinigen, eleganten Charakter.

Gut durchdacht
Küche

Jeder wünscht sich eine Küche, die nicht nur gut aussieht, sondern auch den Platz optimal nutzt. Überlege, welche Arbeiten du in der Küche erledigst – vorbereiten, kochen, spülen, verstauen und so weiter. Wie viel Platz ist jeweils notwendig und wie gehen die Arbeiten ineinander über? Wo hättest du gern einen Sitzplatz und wie lässt dieser sich in die Gesamtgestaltung einbinden? Ein großer Tisch passt nicht in eine kleine Küche, aber vielleicht ein Frühstückstresen. Wenn du die Aufteilung nicht verändern kannst, schau dich nach cleveren Stauraumlösungen um, die jeden Winkel nutzen. Die Suche mag Zeit kosten, aber dafür geht nachher die Küchenarbeit umso leichter von der Hand.

Schöne Kochbücher und andere dekorative Kleinigkeiten stehen auf offenen Regalen. So kann eine traditionelle Stauraumlösung zum Blickfang werden.

Raumsparideen müssen nicht langweilig sein. Teller, Gläser und allerlei Zutaten werden hier in Regalen auf Augenhöhe verstaut: Das sieht interessant aus und hält die Arbeitsfläche frei. An die Wand geheftete Fotos und Zeitschriftenseiten wirken in diesem praktischen Umfeld wie eine vorübergehende Kunstinstallation und geben der Küche einen besonderen Schliff.

siehe auch:
Glamour S. 65

Gut durchdacht
Badezimmer

Die Raumplanung im Bad hat etwas von einem Puzzle: Es gilt, eine Reihe vorgegebener Teile (Waschbecken, Toilette etc.) irgendwie zusammenzubringen. Ein Totalumbau ist teuer, setzt man aber neue Sanitärobjekte an die alten Plätze, kann man immerhin Arbeitslohn sparen. Achte unbedingt auf ausreichend Stauraum für all die Utensilien, die man im Bad so braucht. Beim Licht denken die meisten Menschen nur an die Funktionsbeleuchtung, die aber sehr nüchtern wirken kann. Vorteilhafter ist eine flexible Beleuchtung: hell und konzentriert zum Schminken oder Rasieren, gedämpft für ein entspannendes Bad. Lass möglichst viel Tageslicht ins Bad, baue Dimmer ein oder statte Leuchten mit separaten Schaltern aus, sodass du die Stimmung im Raum nach Bedarf variieren kannst.

Ein kleines Bad wirkt geräumiger, wenn Gestaltung und Dekoration ganz schlicht sind. Unter dem Fenster mit dem einfachen Rollo, das Tageslicht durchlässt, ist genug Platz für einen kleinen Beistelltisch. Die witzigen Haken in der Form von Händen halten Handtücher und Bademäntel und nutzen dabei die senkrechte Wandfläche gut aus.

siehe auch:
Glamour S. 59
Licht S. 146

TIPP: Klares, konzentriertes Licht ist für die Körperpflege und Kosmetik ein Muss.

Die Illusion von Raum

Lang und schmal

Lange, schmale Räume haben ihre Tücken. Sie wirken oft unausgewogen, weil es so schwierig ist, eine geschickte Möbelanordnung zu finden. Um schlauchartige Räume optisch zu unterteilen, ist es manchmal effektiv, Möbel nicht an die Wand zu stellen, sondern schräg in den Raum. Streicht man die längste Wand in einer hellen Farbe, weicht sie optisch zurück. Regale oder einige auffällige Bilder lassen die kürzere Wand breiter erscheinen. Einen ähnlichen Effekt hat eine Tapete mit einem großformatigen Muster. Auf die Decke sollte nicht allzu viel Licht fallen, denn dadurch würde ihre Form betont, stattdessen setzt man besser stimmungsvolles Umgebungslicht ein. Mit solchen Techniken und perspektivischen Tricks lässt sich die Wahrnehmung des Raums wirkungsvoll manipulieren.

Ja, der Raum ist schmal, aber deshalb muss er nicht wie ein Schlauch aussehen. Für dieses kleine Arbeitszimmer wurden zierliche Möbel gewählt und – um der lockeren Wirkung willen – von den Wänden abgerückt. Der gemusterte Teppich ist ein weiterer Blickfang. Die zarte Spitzengardine am Fenster zieht nur wenig Aufmerksamkeit auf das schmale Ende des Raums.

siehe auch:
Glamour S. 76
Farbe S. 88

Die Illusion von Raum

Spiegel-Spielereien

Spiegel sind für sich genommen schön – und bieten sich außerdem als Wanddekoration an: Sie fangen Licht ein und erzeugen Perspektiven, die das Raumgefühl verändern. Wenn du einen Spiegel (Seite 36) in die Nähe eines Fensters, einer Kerze oder einer Leuchte hängst, dann wird das Licht automatisch vervielfältigt. Mehrere Spiegel, die über Eck angebracht sind, erzeugen ein fragmentiertes Bild, das aus jedem Blickwinkel anders aussieht. Es gibt Spiegel in allen Variationen, für jeden Zweck den passenden Typ. Und eine Kombination verschiedener Spiegel kann wie eine ungewöhnliche Installation wirken. Beim Kombinieren solltest du gleichzeitig nach Kontrast und Ausgewogenheit streben, und ein bisschen Theatralik ist auch erlaubt.

Auffällige Spiegel machen eine schlichte Wand zum Schauobjekt. Nebenbei lassen sie den Flur breiter wirken – umso mehr, wenn sie in der gleichen Farbe gestrichen sind wie die Wände. Durch das Spiegelbild der Treppe täuscht der runde Spiegel den Durchblick in einen anderen Raum vor.

Einfache Flachglas-Spiegel sind der gängigste Typ. Das Spiegelbild hat dieselbe Größe wie das Objekt, darum eignen sie sich für Schlafzimmer, Bäder und Arbeitsbereiche, wo es auf gutes und genaues Sehen ankommt. Ungerahmte Flachglas-Spiegel kann man sich beim Glaser in nahezu jeder beliebigen Form und Größe zuschneiden lassen.

Ultra-klare Spiegel ähneln Flachglas-Spiegeln, die Metallbeschichtung hat aber einen geringeren Eisengehalt, sodass das Glas keinen Grünschimmer besitzt. Das Spiegelbild ist außergewöhnlich klar und verfremdet die Farben nicht.

Facettierte Spiegel haben eine abgeschrägte Kante und werden oft ungerahmt verwendet. Wie ein Prisma erzeugt die schräge Kante intensive, farbige Lichtbrechungen, die wiederum den Spiegel optisch aufwerten. Wegen der Farbspiele ideal für Wohn- und Essbereiche.

Konkave Spiegel, deren Glas nach innen gewölbt ist, vergrößern und sind darum günstig für Ankleidezimmer und Bäder. Sie verstärken und bündeln das Licht.

Konvexe Spiegel sind nach außen gewölbt und verkleinern. Sie können große Räume gemütlicher und intimer wirken lassen.

Dekorationsspiegel, z. B. in antiker Optik oder mit farbigem Glas, sind ein origineller Blickfang. Auch bei den Rahmen ist die Auswahl groß. Ob verschnörkelt oder sachlich-streng, mit Leder bezogen oder mit Perlmutt belegt: Hauptsache, es passt zur sonstigen Einrichtung. Ein Raum mit großen oder auffälligen Möbeln verträgt auch einen Spiegel mit einem wuchtigen, reich verzierten Rahmen.

So geht's
Einen Spiegel aufhängen

Spiegel sind schwer und brauchen eine stabile Aufhängung. Ein Nagel in der Wand genügt oft nicht. Besser ist es, einen Dübel zu verwenden, der sich beim Eindrehen einer Schraube spreizt und darum nicht aus seinem Bohrloch fallen kann.

Das brauchst du:

Spiegel deiner Wahl
Metallsuchgerät (bei Bedarf)
Bleistift
Bohrmaschine und Bohrer
Dübel
Hammer
Schraube
Schraubenzieher

{ **TIPP:** Miss die Dübellänge und wickele ein Stück Klebeband auf gleicher Höhe um den Bohrer. So weißt du, wie tief du bohren musst. }

1 Prüfe zuerst, woraus die Wand besteht (z.B. Beton, Ziegel, Gipskarton etc.). An Leichtbauwänden müssen Spiegel und ähnlich schwere Dinge an der Unterlattung oder Verstrebung befestigt werden. Holzlatten lassen sich durch Abklopfen der Wand finden, Metallstreben mit einem Suchgerät (Seite 181), das auch praktisch ist, um nicht versehentlich Kabel oder Rohre anzubohren.

2 Wähle Dübel und Schraube aus. Lies dazu auf den Verpackungen nach, welche Größe gut geeignet ist. Markiere die Befestigungsstelle – nicht im Bereich von Rohren und Kabeln, aber eventuell auf einer Verstrebung. Achte bei Spiegeln, die an einem Drahtseil oder einer Kette hängen, auf die Befestigungshöhe.

3 Bohre ein Loch in die Wand (Seite 181), das so tief ist wie der Dübel lang. Der Bohrer sollte etwas dicker als die Schraube sein. Im Zweifelsfall zunächst einen dünneren Einsatz wählen und eventuell mit einem dickeren nacharbeiten. Verwende für Steinwände eine Schlagbohrmaschine, für Betonwände einen Bohrhammer. Halte die Maschine rechtwinklig zur Wand und bohre ruhig, ohne abzusetzen und mit gleichmäßigem Druck.

4 Entferne den Bohrstaub und schiebe den Dübel ganz ins Loch, notfalls behutsam mit dem Hammer darauf klopfen. Dann drehe die Schraube so weit in den Dübel (Seite 181), dass sie noch etwa 1 cm heraussteht. Hänge Kette oder Draht auf der Rückseite des Spiegels vorsichtig über den Schraubenkopf und richte den Spiegel gerade aus. Kontrolliere nochmals, ob er fest hängt, und dann tritt zurück und bewundere dein Werk!

Platz gewinnen

Platz genug hat man natürlich nie, und Sammlernaturen sollten sich merken, dass Krimskrams ein wahrer Platzfresser ist, und zwar im konkreten sowie im visuellen Sinn. Da gilt es, radikal auszumisten! Es muss ja nicht alles verschwinden – offene Regale beispielsweise bieten reichlich Stauraum und zugleich Platz, persönliche Schätze zu präsentieren. Die Möblierung sollte mit den Proportionen des Raums harmonieren. Niedrige Ottomanen, Couchtische oder Stühle ohne Armlehnen wirken nicht so wuchtig. Für Küche und Bad empfehlen sich Türen mit Druckverschluss, die ohne Griffe auskommen, denn glatte Fronten wirken ruhiger. Setze auf kühle Farben, die Weite suggerieren. Auch eine durchdachte Kombination aus Tages- und Kunstlicht lässt Räume größer erscheinen.

Der Platz um die Spüle ist geschickt genutzt. Geschirr und Vasen in neutralen Farben wurden sorgfältig zu Gruppen arrangiert und durch das mittig aufgehängte Bild wirkt die Küche nicht mehr wie ein reiner Arbeitsraum, sondern gleich viel wohnlicher.

siehe auch:
Glamour S. 60, S. 65
Farbe S. 96

Platz gewinnen
Kleine Räume

Es wirkt wahre Wunder, wenn man aussortiert, was man eigentlich nicht braucht. Für jene Dinge, von denen du dich aber nicht trennen kannst, solltest du dir Möbelstücke mit integriertem Stauraum leisten, etwa ein Bett mit Schubladen oder einen Hocker mit Klappdeckel. Ein unbenutzter Kamin kann zum Aufbewahren von Büchern und Zeitschriften genutzt werden und wenn man Fernseher und Musikanlage an der Wand montiert, gewinnt man wertvolle Bodenfläche. Kleiderschränke sind nicht nur für Prachtstücke von Jimmy Choo da, sondern verbergen hinter großen Türen auch DVDs, Bücher, Wolldecken und alles, was nicht täglich gebraucht wird. Rücke Möbel von Durchgängen weg, um Ellenbogenfreiheit zu gewinnen. Spiele mit Farben und Licht, damit deine Räume nicht beengt wirken. Das Auge erfasst kleine Räume in null Komma nichts, darum sollte jedes Detail Wirkung und Stil besitzen.

Die Übergänge zwischen der groß gemusterten Tapete und dem schwarzen Anstrich von Tür und Schrankfronten verschwimmen in dieser kleinen Küche. Hier ist jeder Zentimeter genutzt, sogar auf den Schränken. Lichtleisten unter den Hängeschränken sparen Platz auf der Arbeitsfläche.

siehe auch:
Farbe S. 110
Licht S. 154

Platz gewinnen
Regale

Ob diskret in einer Nische oder als Blickfang an der Wand, Regale bieten Unmengen Platz für Bücher, Erinnerungsstücke und allerlei Kleinigkeiten. Und wenn sie unordentlich aussehen, versteckt man sie einfach hinter einem Vorhang. Bei der Vielzahl von Regaltypen fällt es schwer, sich zu entscheiden: Magst du sie lieber sachlich und fest montiert oder vielleicht lässig freistehend? Industrie-Chic in Metall oder doch eher heimeliges Holz? Vielleicht möchtest du gar keine allzu homogene Einrichtung, sondern lieber verschiedene Stile mixen, um mehr Spielraum für deine Kreativität zu gewinnen? So oder so: Verstecke deine Habseligkeiten raffiniert oder präsentiere sie gekonnt!

Freistehende Regale sehen lässig aus und sind flexibel, weil man sie relativ leicht umstellen und bei einem Umzug mitnehmen kann. Sie müssen nicht an der Wand stehen, sondern können auch als Raumteiler dienen (Seite 20). Der Aufbau von Flatpack-Regalen ist meist ganz einfach (Seite 48).

Leisten- oder Winkelsysteme (Seite 44) werden an die Wand geschraubt und die Regalböden daraufgelegt oder daran festgeschraubt. Es gibt Modelle mit sichtbaren oder verdeckten Befestigungsschienen. Auch die Regalböden werden in verschiedenen Längen, Breiten, Materialien und Dekoren angeboten. Bei Bedarf lassen sich solche Regale leicht abmontieren und woanders wieder anbringen. Mit einer verbreiternden Verkleidung sehen Standard-Regalböden massiver aus.

Einbauregale sind ideal zum Ausfüllen von Nischen. Als Halterung dienen ebenfalls Schienen oder Winkelsysteme und die Regalböden kann man wiederum verstärken. Als seitliche Begrenzung dienen die Nischenwände. Besonders diskret wirken solche Nischenregale, wenn man sie im gleichen Farbton streicht wie die Wände.

Schienenregale mit Winkeln haben den Vorteil, dass man die Abstände zwischen den Regalböden selbst bestimmen und bei Bedarf verändern kann. Sie sind praktisch für Dinge verschiedener Größen, sehen aber, wenn sie nicht nach Maß gebaut oder etwas aufpoliert sind, sehr schlicht und nüchtern aus.

Hängeregale, die an Drähten an Wand oder Decke befestigt werden, haben mehr ästhetischen als praktischen Wert, da jeder Boden maximal 8 kg Gewicht tragen kann. Dafür lassen sie sich wirkungsvoll einsetzen: Gläserne Hängeregale mit darauf präsentierten Objekten vermitteln den Eindruck von Schwerelosigkeit.

Stil und Inhalt dieses Regals passen perfekt zusammen: Stapel dicker Bücher sehen auf robusten, verkleideten Regalböden einfach am besten aus. Die waagerechten Linien der Regalböden, die in der Wandfarbe gestrichen sind, ziehen die Nische optisch in die Breite.

siehe auch:
Glamour S. 66, S. 68

So geht's
Regale anbringen

Regale sind die ideale Präsentationsfläche für immer wieder neue Kuriositäten. Fertigregale gibt es in allen möglichen stylishen Variationen – und sie sind tatsächlich ganz einfach anzubringen.

Das brauchst du:

Regal mit Wandhalterung
Metallsuchgerät (bei Bedarf)
Roll-Maßband
Wasserwaage
Bleistift
Bohrmaschine und Bohrer
Dübel
Schrauben
Schraubenzieher

1 Prüfe zuerst, woraus die Wand besteht (Beton, Ziegel, Gipskarton etc.). Massive Wände erfordern eine leistungsfähige Bohrmaschine (S. 176), verkraften dafür aber auch mehr Gewicht. An Leicht-bauwänden müssen Regale an der Un-terlattung oder Verstrebung befestigt werden. Holzlatten findest du durch Ab-klopfen der Wand, Metallstreben mit einem Suchgerät (Seite 181).

2 Lege die Position des Regals oder der Regale fest – in gleichmäßigen Abstän-den zueinander oder aufgelockert und unregelmäßig. Beachte dabei die Posi-tionen von Rohren, Kabeln, Unterlattung oder Verstrebung. Halte erst die oberste Regalschiene an die Wand, lege die Wasserwaage darauf, richte die Schiene gerade aus und zeichne die Löcher mit Bleistift an.

3 Bohre für jede Schraube ein Loch, setze die Dübel ein und schraube dann Leiste oder Winkel an die Wand (Seite 181). Für die meisten Regale brauchst du Schrauben von 5–7,5 cm Länge. Wenn das Regal stark belastet werden soll, solltest du Schrauben mit einem Durchmesser von 5 mm verwenden, bei normaler Belastung reichen 3,5–4 mm (lass dich im Zweifelsfall im Baumarkt beraten).

4 Schiebe das Regal auf den Halter und schraube es fest. Normalerweise werden die Schrauben von unten ein-gedreht, wenn das Regal aber über Augenhöhe hängt, kannst du es auch von oben befestigen, damit man die Schrauben nicht sieht. Weitere Regale oder Böden ebenso montieren.

TIPP: Verwende möglichst lange und dicke Schrauben, falls du das Regal später einmal mit höherem Gewicht belasten willst.

Platz gewinnen

Schränke

Bei Schränken hast du die Qual der Wahl: Stand- und Hängemodelle, frei in den Raum stellbare Typen oder Versionen zum nahtlosen Einbau in Nischen (oder eine Kombination davon). Die Optionen sind nicht ganz so verwirrend, wenn du vorher gut überlegst, wie und wo Schränke im Raum untergebracht werden sollen. Hängeschränke halten den Boden frei, niedrige Standmodelle bieten neben Stauraum auch Stellfläche für Dekorationen. Einbauschränke sind superpraktisch, um Nischen oder Hohlräume zu nutzen, und da sie meist nach Maß gebaut werden, sehen sie edel aus. Letztlich kommt es aber auf das Budget und auf die persönlichen Vorlieben an, denn alle Schränke, ob aus dem Möbel-abholmarkt oder vom Tischler, erfüllen den gleichen Zweck.

Flatpack-Schränke sind preiswert, leicht aufzubauen (Seite 48), meist recht attraktiv und überall zu haben. Du kannst einfach in den Abholmarkt gehen und den Schrank gleich mitnehmen. Sehr praktisch. Solche Schränke werden nur in relativ wenigen Größen und Dekoren angeboten, sind also eher »Dutzendware«, aber man kann sie problemlos lackieren oder mit neuen Griffen ausstatten, damit sie individueller wirken.

Fertige Schränke gibt es in vielen Möbelgeschäften zu kaufen, allerdings musst du Lieferkosten oder Miete für einen Transporter oder Anhänger mit einkalkulieren. Das Materialangebot ist breiter als bei Flatpack-Möbeln, aber immer noch recht eingeschränkt. Bei Serien namhafter Hersteller, die lange am Markt bleiben, kann man aber später die Fronten austauschen, wenn die Kasse wieder aufgefüllt ist.

siehe auch:
Glamour S. 84
Licht S. 160

Individuelle Programme aus Industriefertigung bieten deutlich mehr Wahlmöglichkeiten im Hinblick auf Material und Oberfläche. Und du bestimmst selbst die Abmessungen – ein Vorteil, wenn dein Raum für Standardmöbel zu klein ist

Maßgetischlerte Schränke sind am teuersten und haben die längste Lieferzeit. Weil sie ganz individuell gefertigt werden, kann der Kunde alle Details bestimmen. Unansehnliche Ecken, Kabel oder Rohre lassen sich in solchen Schränken verstecken. Tischlerarbeit hat ihren Preis, aber das Ergebnis kann sich sehen lassen.

Einzelstücke sind immer ein Blickfang und haben ihren ganz eigenen Reiz, aber der darf nicht auf Kosten des Stauraums gehen. Solche Möbel sind oft teuer, darum solltest du darauf achten, dass sich die Investition auch in praktischer Hinsicht lohnt.

Der niedrige Schrank erstreckt sich über eine ganze Wand und zieht den Raum optisch in die Länge. Neben viel Stauraum bietet er auch Stellfläche für originelle Dekorationen. Durch den Anstrich in Wandfarbe fügt er sich gut in die Gesamtgestaltung ein. Türen mit Druckverschlüssen (Seite 60) sehen elegant aus, weil sie ohne Griffe auskommen.

So geht's
Einen Flatpack-Schrank aufbauen

Selbst erfahrene Heimwerker betrachten Möbel zum Selbstaufbau mit Skepsis. Dabei ist es gar nicht schwierig, wenn man ein paar Grundregeln beachtet. Und wenn du dich von eingefahrenen Schienen löst, kann so ein Möbel ein wahres Schmuckstück werden.

Das brauchst du:
(Abweichungen je nach Modell möglich)

Flatpack-Schrank deiner Wahl
Schraubenzieher
   (Kreuzschlitz oder Schlitz)
Bohrmaschine und Bohrer
Heißklebepistole
Schraubzwinge
Hammer
Bleistift
Dübel
Schrauben

1 Lies dir zuerst die ganze Aufbauanleitung sorgfältig durch und studiere die Abbildungen. Es passieren leicht Fehler, wenn man die Reihenfolge der Arbeitsschritte nicht einhält. Nimm dir Zeit und lege zuerst alle Werkzeuge bereit, sonst musst du womöglich mitten in der Arbeit in den Baumarkt flitzen.

2 Packe alle Schrauben, Beschläge, Kleinteile und Möbelteile aus und hake sie auf der Packliste ab. Häufig werden Holzdübel verwendet, die in Löcher gehämmert und verleimt werden – zähle diese Dübel unbedingt nach! Falls Teile fehlen, fahre gleich noch einmal in den Laden, ehe du mit dem Aufbau beginnst.

3 Nun halte dich exakt an die Bauanleitung. Streiche erledigte Arbeitsschritte aus, aber überspringe keinesfalls einzelne Schritte und erfinde keine eigene Lösung, wenn etwas nicht auf Anhieb passt. Mache dann lieber eine kurze Pause, um danach noch einmal genauer hinzuschauen. Oder rufe einen Freund oder die Hotline (falls vorhanden) an. Zwei Köpfe denken besser als einer!

4 Wenn du den fertigen Schrank an die Wand hängen willst, bohre in seine Rückseite vier Löcher, durch die Schrauben mit 5 mm Durchmesser passen. Halte den Schrank an die Wand und zeichne die Positionen der Löcher mit Bleistift an. Prüfe eventuell mit einem Metallsuchgerät, ob an dieser Stelle Rohre oder Kabel verlaufen. An Leichtbauwänden solltest du Schränke nur an Verstrebungen in der Wand aufhängen. Stelle den Schrank ab, bohre die Löcher in die Wand und schiebe Dübel

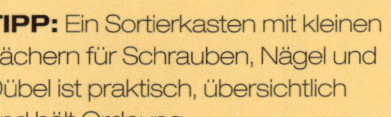

ein. Dann hebe den Schrank wieder an (Helfer willkommen!) und schraube ihn fest (Seite 181).

5 In Zukunft soll es einfacher werden: Forscher arbeiten an »intelligenten« Flatpack-Möbeln mit Mikrochips, die aufleuchten und anzeigen, welches Teil wohin gehört. Das hören wir gern!

TIPP: Ein Sortierkasten mit kleinen Fächern für Schrauben, Nägel und Dübel ist praktisch, übersichtlich und hält Ordnung.

Glamour

Der Wow-Faktor

Aus faden Räumen eine fabelhaft stylishe Wohnung zu machen –
darum geht es beim Raumdesign. Aber wie kommt man zu diesem
besonderen Wow-Faktor? Wer kein Spitzenverdiener ist und sich
keinen persönlichen Stylisten leisten kann, muss andere Mittel und
Wege finden. Zum Glück gibt es die. In Wohnungen mit Klasse wird
Krimskrams hinter geschlossene Türen verbannt, damit die Räume
offen wirken und Elemente mit Blickfangwirkung, etwa ein besonderes Möbelstück oder eine aufregende Farbgestaltung, perfekt zur
Geltung kommen. Wichtig ist natürlich jeden Raum ins beste Licht zu
setzen. Auch das Spiel mit Mustern und Texturen, Stilen und Proportionen leistet seinen Beitrag. Vor allem aber geht es darum, den Räumen deinen persönlichen Daumenabdruck aufzuprägen. Kombiniere
Möbel und Dekorationsstile auf deine ganz eigene Weise, dann ist
garantiert für Gesprächsstoff gesorgt. Stelle deine verrückten Kleinigkeiten mit Chuzpe zur Schau – und deine Wohnung wird zum unver-
wechselbaren Unikat.

*Manchmal ist weniger
tatsächlich mehr:
Der elegante Wandleuchter
ist der Blickfang auf der
ansonsten ruhigen Wand.
Seine gläsernen Blüten-
blätter brechen das Licht
und reflektieren es in den
Raum. Der antike Beistelltisch ist ein Zufallsfund, ein
Einzelstück, das durch
seine schlichte Form
ruhige Eleganz ausstrahlt.*

siehe auch:
Planung S. 38
Licht S. 146

Der Wow-Faktor

Gegen die Konvention

Warum mit dem Strom schwimmen? Ein unkonventionelles Detail hier, ein exzentrisches Element dort – das verleiht Räumen ihren Charakter. Natürlich solltest du nicht alle bewährten Regeln über Bord werfen, aber mit manchen darfst du ruhig spielerisch umgehen. Es kann schon genügen, Objekte in einen ungewohnten Kontext zu stellen. Sei ein bisschen unberechenbar, kombiniere zum Beispiel einen abgeliebten Ledersessel mit einem prächtig verschnörkelten Spiegel und einem bodenständiger Sisalteppich. Stelle die gehämmerte Zinnschale von einem indischen Markt mitten auf einen niedrigen Couchtisch aus Glas. Tapeziere das Gästeklo mit einer überdrehten Barocktapete. Du weißt schon, was ich meine ...

Hollywood-Glamour im Bad? Warum nicht! Antike Fundstücke aus verschiedenen Epochen, jede Menge Glanz und Glitzer und eine sagenhafte Tapete sorgen hier für ein faszinierend opulentes Raumgefühl. Wer hätte gedacht, dass ein so kleiner Raum sich zu solcher Größe aufschwingen kann!

Raumanalyse

Glamouröse Wohnaccessoires liegen im Trend: Aus gutem Grund, denn sie bringen Spannung und Dramatik in deinen Raum.

Farbe Auf einem intensiv-dunklen Hintergrund springen leuchtende Farben besonders ins Auge. Möbel in ähnlichen Tonwerten wirken elegant und weniger wuchtig.

Beleuchtung Kombiniere Steh-, Hänge- und Tischleuchten in verschiedenen Stilen ganz nach Geschmack und Lichtbedarf.

Stil Kissen lassen sich immer sehr effektvoll einsetzen. Die Leuchte in Tierform ist ein witziges Detail und auch die Kombination aus Bild, Skulptur und Stoffbahn an der Wand ist interessant.

Textur Hochglänzender Lack ist nicht nur für Handtaschen da. Auch reflektierende Möbel besitzen jede Menge Glamour.

TIPP: Schränke fügen sich
besser in den Raum, wenn ihr
Tonwert ungefähr dem der
Wände entspricht.

Der Wow-Faktor
Fliegender Wechsel

Man kann es gar nicht oft genug betonen: Glamour muss kein Vermögen kosten. Viele vorhandene Dinge lassen sich leicht zweckentfremden oder aufpeppen – und schon hast du für wenig Geld etwas Individuelles und Ausgefallenes. Küche und Bad sind besonders problematisch, weil eine Grundrenovierung so teuer ist. Aber alte Küchenschränke sehen mit verlängerten Türen (Seite 60) in einer gewagten Farbe aus wie neu. Wer sich fürs Bad den Luxus eines Trend-Hotels wünscht, braucht nur die alte Wannenarmatur gegen eine neue im Spa-Stil auszutauschen. Ersetze langweilige Schrankgriffe durch ausgefallene (Seite 84) oder verkleide dünne Standardregale (Seite 68). Solche unkomplizierten Veränderungen können schon viel bewirken. Und dann geht es ans gekonnte Kombinieren: Hänge einen mächtigen Spiegel über einen winzigen Tisch, stelle ein Riesensofa in ein Mini-Wohnzimmer. Das ist aufregend und macht einfach wahnsinnigen Spaß.

Weil sich in der Küche ein Großteil des Lebens abspielt, verdient sie besondere Aufmerksamkeit. Stylish und cool soll sie sein, dabei aber aufgeräumt und zweckmäßig. Verlängerte Türen erfüllen all diese Anforderungen – ein einfacher Kunstgriff, der wenig kostet und dabei edel und luxuriös aussieht.

siehe auch:
Planung S. 28; S. 30
Farbe S. 94

So geht's
Überlange Schranktüren bauen

Das brauchst du:

Roll-Maßband
MDF-Platte
Buntlack,
   hochglänzend oder
   seidenmatt
Pinsel
Scharniere
   (180° Öffnungswinkel)
Bleistift
Bohrmaschine und
   Bohrer
Schraubenzieher
Schrauben
Druckverschlüsse

1 Miss die Außenmaße des Schrankes. Die Türen müssen 3 mm schmaler sein, damit sie beim Öffnen nicht klemmen. Lege die Länge der neuen Türen fest. 3 cm Abstand zum Boden solltest du zum Bodenwischen einkalkulieren. Lasse dir die MDF-Platten nach Maß zuschneiden, streiche sie von beiden Seiten und lasse sie trocknen.

2 Lege die Türen auf den Boden und platziere die Scharniere auf einer Seite, jeweils im gleichen Abstand zur Ober- und Unterkante. Der Abstand zwischen ihnen darf nicht größer sein als die Höhe des Schrankkorpus. Zeichne die Positionen mit dem Bleistift an. Lege einen Holzrest unter die Tür, bohre die

Löcher vor (aber nicht bis zur Außenseite durchbohren!) und schraube die Scharniere an die Tür (Seite 181).

3 Halte die Tür rechtwinklig an den Schrank. Zeichne die Positionen der Scharnierschrauben am Schrankkorpus an und bohre die Löcher vor. Sie werden näher an Ober- und Unterkante des Korpus liegen als die vorherigen Löcher, weil sie die größeren Türen sicher halten müssen.

4 Schraube zum Schluss die Druckverschlüsse in der oberen Ecke der Tür an. Tippe sie kurz mit dem Finger an – et voilà, die funkelnagelneue Tür öffnet sich.

TIPP: Stütze die Tür mit einem Stapel Bücher oder Zeitschriften, während du sie an den Schrankkorpus schraubst.

Schaustücke

Persönliche Schätze wie Fotos, Bücher, Schmuck und Mitbringsel von Reisen sind Herz und Seele eines Zuhauses. Verstaue solche Kuriositäten nicht auf dem Dachboden, sondern gönne ihnen die Beachtung, die sie verdienen. Damit Regale, Kaminsimse, Beistelltische und Bücherschränke aber nicht zu einem unansehnlichen Chaos von Krimskrams verkommen, solltest du einige Design-Tipps (Seite 66) beherzigen. Ein narrensicheres Ordnungskriterium ist die Farbe. Ein Stapel gerade ausgelesener Bücher, die farbigen Rücken dem Raum zugewandt, kann als dekorativer Sockel für eine schöne Keramikschale dienen. Auch die Textur kann als Bindeglied dienen, beispielsweise grob behauene Holzscheite neben Schnitzereien und dicken Holzperlenketten. Wenn man mehrere Objekte gruppiert, ist eine ungerade Anzahl ansprechender als eine gerade, und Objekte unterschiedlicher Höhe oder in zickzackförmiger Anordnung wirken lockerer und lebendiger als eine schnurgerade Reihe. Mit etwas Feingefühl lassen sich selbst skurrile Schätze zu einem schönen Stillleben arrangieren.

Bilder und Objekte in neutralen Farben bilden eine Formation, die nur durch einzelne Farbakzente aufgelockert wird. Abstände zwischen den einzeln oder gruppiert angeordneten Elementen sorgen für eine fließende visuelle Wirkung.

siehe auch:
Intro S. 14
Farbe S. 91

TIPP: Dieses kompakte Regal ist eigentlich ein kleiner Hänge-schrank, der sowohl Stauraum als auch Stellfläche bietet.

Schaustücke

Deko in der Küche

Wir machen oft den Fehler, die Küche als rein zweckmäßigen Raum zu betrachten. Dabei verbringen die meisten Menschen dort mehr Zeit als in anderen Zimmern. Grund genug, auch die Küche mit schönen und ganz persönlichen Dekorationen auszustatten. Der erste kreative Schritt besteht darin, unnötigen Krimskrams und selten benutzte Geräte von den Arbeitsflächen zu verbannen. Damit gewinnst du Platz, um in einer Ecke eine improvisierte Minibar einzurichten oder schöne Kochbücher aufzustellen. Ein Stapel bunter Geschirrtücher oder eine Schüssel mit Zitronen und Limetten sorgt für Farbe, und am Abend verbreiten Grüppchen von Teelichtern, hier und da auf freien Flächen aufgestellt, romantische Stimmung. Selbst praktische Utensilien wie Wasserkocher und Toaster können dekorativ sein, wenn man sie frech in Szene setzt.

Ein ungewöhnliches Möbelstück wie dieser antike Vitrinenschrank nimmt jeder Küche die Kochlabor-Nüchternheit. Der Schrank ist so auffällig, dass selbst gewöhnliche Gläser auf den Regalen wie eine wohl durchdachte Ausstellung wirken.

Schaustücke

Regale als Deko-Fläche

Dekorationen auf Regalen sehen nur gut aus, wenn sie ästhetisch ansprechend arrangiert sind. Dabei geht es nicht um ein starres Schema, doch wenn die Kombination einzelner Objekte nicht stimmt, fehlt es gleich dem Ganzen an Ausgewogenheit und Zusammenhang. Form und Größe der Objekte bestimmen den Weg, den das Auge nimmt. Außerdem muss genug Freiraum vorhanden sein, damit Gruppen und Einzelobjekte wirken können. Solche Faktoren beeinflussen auch die Ausstrahlung der Deko: Objekte ähnlicher Größe in gleichförmiger Anordnung wirken streng und ruhig, größere Gegenstände in ungewöhnlichen Formen oder kräftigen Farben strahlen Energie aus. Bunte Mischungen, vielleicht ein alter Globus neben Keramik, Büchern, Kieseln und Schmuck, können sehr reizvoll sein, solange du an genug Zwischenraum und hier und da auch an etwas Symmetrie denkst.

Symmetrie wirkt verbindend. Sie lässt sich auf verschiedene Weise erreichen, etwa durch paarweise angeordnete Leuchten oder Bilderrahmen in ähnlichen Größen. Bezugspunkte können dafür die äußeren Enden eines Regals oder auch dessen Mitte sein. Symmetrische Anordnungen vermitteln Harmonie und Ruhe. Übertreiben sollte man es aber nicht, sonst können sie langweilig und leblos wirken.

Asymmetrie betont die Unterschiede zwischen verschiedenen Objekten. Sie ist schwieriger umzusetzen. Denkbar wären eine große Vase mit Blumen an einem Ende des Regals und eine Gruppe von Leuchtern am anderen. Beide Elemente ähneln einander in den Ausmaßen, aber nicht in Proportionen und optischem Gewicht. Zu viel Asymmetrie kann leicht chaotisch und unordentlich wirken.

siehe auch:
Farbe S. 96

Thematische Gruppen, deren gemeinsamer Nenner Textur, Farbe, Stil oder Epoche sein kann, zähmen überbordende Sammellust. Wieder gilt es, nicht zu übertreiben, sonst wirkt das Arrangement allzu kontrolliert. Eine Gemeinsamkeit genügt, um aus verschiedenen Einzelobjekten eine Gruppe zu machen.

Ein bunter Mix ist der Garant für ein lebhaftes, aber ausgewogenes Arrangement. Professionelle Raumdesigner kombinieren meist alle der oben genannten Techniken. Spiele also mit Formen und Proportionen, Farben und Texturen der Objekte auf deinen Regalen, denn richtig interessant wird es immer erst durch die Mischung.

Auf freitragenden Regalen sind verschiedenste Objekte nach Größe und Farbe gruppiert. Reichlich Freiraum sorgt dafür, dass jede Gruppe auch für sich wahrgenommen wird.

TIPP: Kühle Farben ähnlicher Tonwerte lassen kleine Räume gleich viel luftiger wirken.

So geht's
Regale verkleiden

Dünne Standardregale mit einer Verkleidung zu verstärken ist ganz einfach und günstig noch dazu: Danach wirken sie gleich viel edler und teurer.

Das brauchst du:

Regal mit Wandhalterung
MDF-Platte
Roll-Maßband
Holzleim
Kartuschenpresse (bei Bedarf)
Holzkitt
Schleifpapier
Farbe
Pinsel

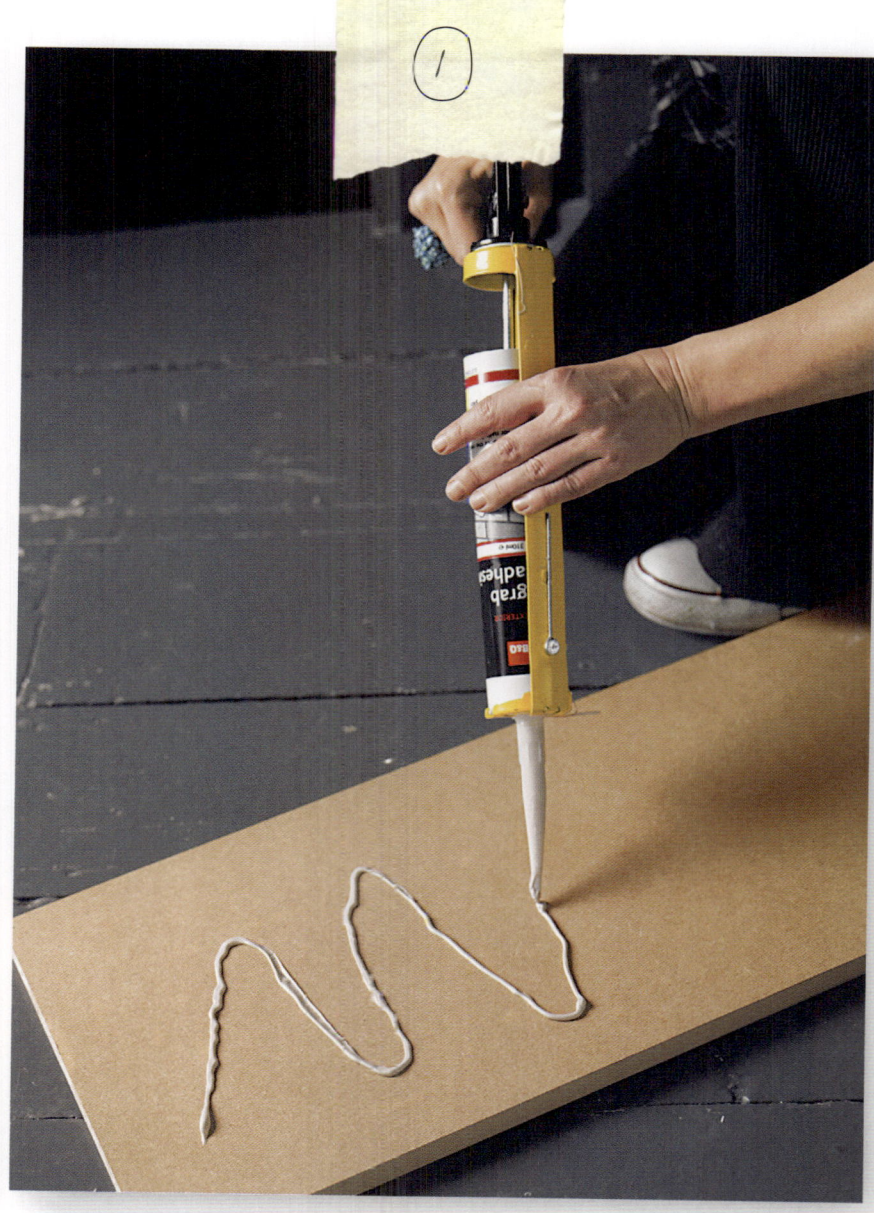

TIPP: Mit einer Kartu-schenpresse lässt sich der Leimauftrag besser regulieren.

1 Montiere das Standard-Regalset, wie auf Seite 44 beschrieben. Die Verklei-dung besteht aus drei Teilen: Oberseite, Unterseite und Front. Die Front hat die-selbe Höhe und Breite wie der Original-Regalboden. Um die Größe von Ober- und Unterseite zu berechnen, miss die Tiefe des vorhandenen Regalbodens und addiere dazu die Stärke der MDF-Platte. Die Breite ist bei Regalboden und Verkleidung gleich. Lasse dir die Teile nach Maß zuschneiden.

2 Trage Leim in Schlangenlinien auf die Rückseiten der Platten auf und presse dann die Teile fest auf das Original-Regal-brett. Lasse den Leim trocknen (Tro-ckendauer gemäß Herstellerangabe).

3 Wenn der Leim abgebunden hat, ver-spachtele die Fugen mit Holzkitt (Sei-te 183), lasse alles trocknen und schleife es dann glatt.

4 Jetzt streiche die Verkleidung noch in einer tollen Farbe. Und vergiss nicht, da-nach den Pinsel gründlich zu reinigen (Seite 180).

Persönliche Kleinigkeiten

Einzigartig und individuell wird eine Wohnung erst, wenn sie mit Dingen angefüllt ist, die den Bewohnern etwas bedeuten: Das können private Fotos sein, Lieblingsbücher, skurrile Reisemitbringsel oder der Teddybär aus Kindertagen. Trends spielen dabei keine Rolle. Betrachte deine Wohnung als weiße Leinwand und erfinde deinen eigenen Stil mit Dingen, die dir gute Laune machen und schöne Erinnerungen wecken. Man kann eine Menge für Sofas, Schränke und allerneueste Unterhaltungselektronik ausgeben, aber solche Dinge bereiten nicht halb so viel Freude wie kleine Dinge, die für dich – und nur für dich – eine besondere Bedeutung haben. Diese Details aus deiner Vergangenheit und Gegenwart erzählen viel von dir, von deinem Lebensstil und den vier Wänden, die du dein Zuhause nennst.

Ein ganz gewöhnlicher Kühlschrank dient hier als Präsentationsfläche für Fotos, Notizen, Postkarten und Bänder von Sport-Veranstaltungen – lauter Details aus der Biografie des Besitzers.

Persönliche Kleinigkeiten

Fotos präsentieren

Fotos von Freunden und Familie, von einem besonderen Ereignis oder aus deiner Kindheit erzählen eine Bildgeschichte über dich. Ganz besondere, private Aufnahmen sind im Schlaf- oder Arbeitszimmer gut aufgehoben. Andere, die jeder sehen darf, können gerahmt oder sogar ohne Rahmen auf dem Kaminsims im Wohnzimmer oder Esszimmer stehen und Besuchern Einblicke in dein Leben geben. In Feuchträumen wie Küche und Bad können allerdings sogar gerahmte Fotos Schaden nehmen.

Ungerahmte Fotos, in Reih und Glied an die Wand geklebt, machen den Kaminvorsprung zur Privatgalerie. Auf dem Kaminsims stehen weitere Erinnerungsstücke, jedes einzelne mit eigener visueller Kraft.

Kunst

Kunst kann Räume beträchtlich aufwerten, ob es sich dabei um ein Original auf Leinwand, eine Reproduktion oder ein künstlerisches Foto handelt. Es ist aber schwierig zu entscheiden, was man auf lange Sicht um sich haben mag. Mit den Jahren hat man sich an einem auffälligen abstrakten Bild vielleicht sattgesehen oder es passt nach einer Renovierung nicht mehr zum Raumkonzept. Sieh dich in Ruhe in Galerien und Auktionshäusern um, aber kaufe nur etwas, wenn du dir deiner Sache sicher bist. Ein Original muss übrigens kein Vermögen kosten. Manchmal wird man beim Trödler fündig und bei Ausstellungen von Künstlergemeinschaften spart man sich die Provision des Galeristen.

Sogar eine Bahn originelle Tapete kann wie ein Bild wirken, wenn sie lässig mit Papierklammern aufgehängt wird. Der Vorteil ist, dass sie wenig kostet und jederzeit problemlos ausgetauscht werden kann.

Die bunte Mischung aus Bildern und Grafiken, kombiniert mit großen, farblich abgestimmten Buchstaben, unterstreicht den originellen, eklektischen Charakter dieser Wohnung.

Kunst

Bilder anordnen

Die Anordnung von Bildern spielt für ihre Wirkung eine kaum geringere Rolle als die Motive selbst. Außergewöhnliche Bilder sollten einen Platz für sich allein bekommen, während Zeichnungen, Fotos und kleinformatige Drucke am besten in Gruppen wirken, entlang einer Treppe, über einem Sofa oder an der Wand des Arbeitszimmers. Beim Anordnen der Bilder solltest du einige einfache Regeln beachten: Grundsätzlich sollte die Bildergruppe einen visuellen Rhythmus besitzen, den die einzelnen Bilder nicht vermitteln. Wenn du Bilder um Möbel herum aufhängst, gehe ruhig nach Bauchgefühl vor. Ein Bild auf Taillenhöhe kann eine gelungene visuelle Beziehung zu einem Sofa eingehen. Möchtest du den Blick nach oben lenken, etwa um besonders schönen Stuck zu betonen, dann hänge das Bild höher.

Rasterförmige Gruppen wirken ausgewogen und eignen sich am besten für Rahmen, die sich in Stil und Format gleichen. Auch ungerahmte Fotos kann man so aufhängen (Seite 73), allerdings kann die Anordnung streng wirken, wenn sie nicht durch kontrastierende Elemente aufgelockert wird. Wenn die Abstände zwischen den Bildern nicht absolut gleich sind, ist die Wirkung aber dahin, darum solltest du sehr genau messen.

Horizontale oder vertikale Reihen von Bildern mit großzügigen Zwischenräumen wirken sehr modern. Sie eignen sich gut für Durchgangsbereiche wie Flur oder Treppenhaus, weil sie den Blick durch den Raum führen – aber nur, wenn sie nicht zu eng hängen. Auch hier hängt der Erfolg vom exakten Messen ab.

Lockere Gruppen von Bildern verschiedener Stile und Größen wirken lässig, doch es kostet etwas Zeit, bis das Arrangement stimmt. Vermeide eine einseitige Gewichtung oder Farbkombinationen, die sich beißen. Stell dir die Sammlung als Ganzes vor und gruppiere die Bilder nach Motiv, Farbfamilie oder Rahmentyp. Geringe Abstände helfen dabei, eine nahtlose Einheit zu schaffen. Lege die Bilder auf dem Fußboden aus und verschiebe sie, bis dir die Anordnung gefällt. Erst dann sind Hammer und Nägel gefragt. Das klingt umständlich, aber es lohnt sich allemal!

Die Anordnung der Bilder belebt diese dunkle Schlafzimmerwand: Einige Bilder sind nur locker an die Wand angelehnt und auch die weiten, ungleichmäßigen Abstände sind gewollt. Sie lassen das Ensemble wie ein einziges Werk erscheinen, ohne dabei formal zu wirken.

siehe auch:
Licht S. 157

TIPP: Wandleuchten und speziell Bilderleuchten sparen kostbaren Platz in kleinen Räumen.

So geht's
Bilder an Nägeln aufhängen

Bilder geben einer Wohnung viel Persönlichkeit. Wichtig ist aber, die richtige Technik einzusetzen, damit das Arrangement auch die gewünschte Wirkung zeigt.

Das brauchst du:

Bild deiner Wahl
Bleistift
Roll-Maßband
Hammer
Nagel
  (oder mehrere)
Wasserwaage
Radiergummi

1 Schwere Bilder müssen an Leichtbau- oder Gipskartonwänden mit Dübeln befestigt werden (Seite 181). Ansonsten genügt für Bilder meist ein Nagel. Entscheide, wo das Bild hängen soll, und zeichne die oberen Ecken mit Bleistift dünn auf der Wand an. Dann miss die Mitte zwischen den Markierungen aus und markiere sie.

2 Lege das Bild mit dem Motiv nach unten auf den Teppich oder auf eine Decke, damit es nicht verkratzt. Miss die obere Mitte aus und zeichne sie auf der Oberseite des Rahmens an.

3 Um die Höhe des Nagels zu ermitteln, ziehe den Aufhängedraht straff zur Mittelmarkierung und miss von hier zur Rahmenoberkante. Zeichne dieses Maß von der Mittelmarkierung auf der Wand aus nach unten an.

4 Sehr breite oder schwere Bilder hängt man der Stabilität wegen an zwei Nägel. Zeichne auf dem Rahmen zwei Punkte in gleichem Abstand zu den Seiten an. Ziehe den Draht straff und miss den Abstand zwischen einem dieser Punkte und der Rahmenoberkante. Je größer der Abstand zwischen den Punkten ist, desto dichter hängt das Bild an der Wand. Übertrage das Maß wie oben beschrieben auf die Wand.

5 Schlage einen Nagel an der unteren Markierung so ein, dass er etwas schräg aufwärts zeigt. So trägt nicht der Nagel das Gewicht, sondern die Wand. Vorsicht, nicht auf die Finger hämmern! Lasse den Nagel ca. 1 cm vorstehen, hänge das Bild auf und richte es mit der Wasserwaage gerade aus. Radiere dann die Bleistiftmarkierungen weg.

1

TIPP: Große Bilder mit zwei Bilder-haken befestigen. So hängen sie sicher und lassen sich leichter gerade ausrichten.

Der letzte Schliff

Zubehör ist so einfach auszutauschen, dass man sich ruhig die eine oder andere Verrücktheit leisten kann. Ob Kissen, Bettwäsche, Teppiche oder neue Schranktürgriffe: Überdimensionale Muster und Accessoires im Maxiformat liegen im Trend. Natürlich passt das Großformat nicht immer und überall – probiere es einfach aus! Wenn die Mischung gelungen ist, kann sie auf jeden Fall sehr aufregend aussehen.

Knöpfe mit austauschbarem Textilbezug passen gut zu Holzoberflächen und besitzen einen sympathisch-handwerklichen Charakter.

Manchmal genügen neue Knöpfe oder Griffe, um eine alte Kommode zu einem Trendmöbel zu machen. Der Nachtschrank wird durch die großen Goldscheiben erheblich aufgewertet und gibt zusammen mit der bunt gemusterten überdimensionalen Leuchte einen einzigartigen Blickfang ab.

Der letzte Schliff
Knöpfe und Griffe

Wer Möbel einfach und preiswert modernisieren will, braucht nur die Griffe auszutauschen. Manche Griffe sind erstaunlich teuer, andere dagegen absolut erschwinglich – und alle sind mit wenigen Handgriffen montiert (Seite 84). Bei der Wahl neuer Griffe musst du das Gewicht der Schranktür oder Schublade berücksichtigen. Schwere Lasten erfordern Griffe, die das Gewicht gleichmäßig verteilen. Ansonsten gibt es keine Beschränkungen. Verrückt, glamourös, witzig: Erlaubt ist, was dir gefällt.

Glas und Kristall sind ideal, wenn du auf Glitzer und Glamour stehst. Es gibt klassische und moderne Modelle. Sie vertragen sich mit den meisten Oberflächen und passen zu fast allen Einrichtungsstilen.

Chrom, matt oder gebürstet, wertet mit seinem silbrig-weißen Glanz viele Oberflächen auf. Wer relativ minimalistisch eingerichtet ist, sollte es mit sachlichen Griffen aus gebürstetem Chrom versuchen. Poliertes Chrom wirkt auffälliger und hat eine sehr moderne Ausstrahlung.

Bronzebeschläge sind klassisch, traditionell und zeitlos. Viele Griffe und Knöpfe aus Bronze sehen recht wuchtig aus. Alte Bronze zählt zu den teuersten Materialien für Schranktürbeschläge, moderne Reproduktionen sind für weniger Geld zu haben.

Andere Materialien tragen ebenso ihren Teil zum Raumstyling bei. Wenn du es ausgefallen magst, könnte dir edles Leder gefallen. Griffe aus eingefärbtem Kunstharz, die in zahllosen knalligen Tönen zu haben sind, steuern eine witzige und künstlerische Note bei. Keramikgriffe wirken zierlich und handwerklich, auch Naturholz hat einen eher zurückhaltenden Charakter.

Motivgriffe sind eine originelle Möglichkeit, um Möbel in den Wohnkontext einzubinden (oder bewusst einen Kontrapunkt zu setzen). Ob Gemüse, Meerestiere oder Sterne, das Angebot ist groß. Selbst in gewöhnlichen Baumärkten findet man oft eine gute Auswahl recht preiswerter Modelle.

Die langen Griffstangen an den Kleiderschranktüren spielen mit Proportionen. Mit ihrer selbstbewussten Übergröße sind sie eine auffallende Verschönerung der schlichten Türen. Und auf die ausgefallene Idee, eine Wand mit alten Buslinienschildern zu dekorieren, muss man erst einmal kommen!

So geht's

Griffe montieren

Die Griffe haben erstaunlich viel Einfluss auf die Wirkung eines Möbel-
stücks. Überlange Griffbügel aus glattem Eichenholz können einen langweiligen Kleiderschrank in ein schickes Designermöbel verwandeln.

Das brauchst du:

Holz nach Wahl
Schleifpapier
Holzleim
Nägel
Hammer
Lack (klar oder farbig)
Pinsel
Bleistift
Bohrmaschine und Bohrer
Schrauben
Schraubenzieher
Wasserwaage

1 Suche das Holz aus und lass es dir im Baumarkt zuschneiden. Für jeden Griff brauchst du drei Teile: ein langes für den eigentlichen Griff und zwei kurze Endstücke. Lass das lange Stück an beiden Enden im Winkel von 45° absägen, die kurzen an je einem Ende, um sie auf Gehrung zusammenfügen zu können.

2 Runde die Kanten mit Schleifpapier etwas ab (Seite 184) und leime dann für jeden Griff drei Teile zusammen. Wische hervorquellenden Leim ab. Nagele nach dem Trocknen die Leisten zusätzlich von oben und unten zusammen – und zwar so, dass der Nagel im langen Griffteil verschwindet. Lackiere die Griffe farbig oder klar.

3 Zeichne die Position des Griffs an der Schranktür an. Markiere auf der Rückseite das Bohrloch für das obere Griffende. Bohre die Tür von hinten ganz durch (Seite 181) und dann ein Loch mittig in das obere Endstück des Griffs.

4 Schraube das obere Griffende von innen locker an (Seite 181). Richte den Griff mit einer Wasserwaage senkrecht aus, zeichne dann das untere Loch an und bohre ebenso in Tür und Griffende. Schraube das untere Ende fest und ziehe dann die obere Schraube fest nach. Bringe alle weiteren Griffe ebenso an.

2

TIPP: Bei Form und Material der Griffe hast du unendlich viel Auswahl. Wichtig ist nur, dass die neuen Griffe ins Auge springen!

Farbe

Was Farbe leistet

Farbe kann enorm viel bewirken. Richtig eingesetzt macht sie aus einem gesichtslosen Raum etwas Spektakuläres. Sie beeinflusst aber auch unsere Wahrnehmung von Raumform und -größe. Außerdem wirken Farben ganz unterschiedlich auf die Psyche. Bei der Auswahl von Farben solltest du darum überlegen, auf welchen Effekt du abzielst: warm, kühl, geräumig, intim (Seite 96). Farbe kann aktiv, neutral oder passiv sein. Passive Farben sind blass und gedämpft, sie lassen Räume luftig und groß wirken. Neutrale Farben wie Weiß, Taupe und Creme bilden den perfekten zurückhaltenden Hintergrund für auffällige Möbel. Aktive Farben sind meist dunkler, wärmer und vermitteln etwas Intimes. Trotz allem ist die richtige Farbgestaltung keine hohe Wissenschaft. Du solltest nur ein paar Grundregeln kennen.

Der Wandanstrich in der Farbe von Sonnenschein vermittelt in diesem dunklen Flur Wärme und Energie, umso mehr, weil ein ungewöhnlich intensiver Ton gewählt wurde. Die Kombination mit den schokoladenbraunen Zierleisten und der zartblauen Decke ist ausgesprochen gelungen.

Was Farbe leistet

Hell und neutral

Weiß, Rohweiß und Neutralfarben suggerieren Weite und bieten sich darum für kleine Räume an. Und weil sie sich so dezent im Hintergrund halten, sind sie ideal fürs Schlafzimmer. Wer es generell ruhig mag, wird diese Farben auch in anderen Räumen schätzen. Neutralfarben sind ausgesprochen vielseitig und heben schöne architektonische Details wie Stuck oder Zierleisten großartig hervor. Schlichtheit liegt im Trend, aber allzu schlichte Räume können auch fade und langweilig sein. Um das zu vermeiden, kann es sinnvoll sein, den Tonwert der Farben zu variieren (Seite 94) und den Raum mit Mustern und Texturen aufzulockern.

Neutrale Farben erzeugen die ideale Schlafzimmeratmosphäre: hell, freundlich und entspannend. Zarte Gardinen und Bettwäsche verstärken den femininen Charakter, während die dezent gemusterte Tapete einen zurückhaltenden Blickfang darstellt. Ein kleiner Farbtupfer sind die bunten Bücherrücken auf der Fensterbank.

siehe auch:
Textur S. 122

Was Farbe leistet

Dunkel mit Akzenten

Reizt dich ein dunkles Farbschema – aber du hast es noch nie probiert? Trau dich! Dunkle Farben sind ausdrucksvoll, einladend und elegant, und sie können aus einem schüchternen Mauerblümchen von Zimmer eine dramatische Bühne machen. Am besten verwendest du für Wände, Boden und Decke dieselbe Farbe, weil dann die Raumkonturen verschwimmen. Um etwas Varianz ins Spiel zu bringen, kombiniere verschiedene Töne einer Farbe (Seite 94) oder verwende für Leisten, Beschläge oder Accessoires eine kräftige Kontrastfarbe. Wenn du so vorgehst, verträgt selbst ein kleiner Raum vier Wände und eine Decke in einer dunklen Farbe. Bei Akzenten kommt es darauf an, dass sie sich in Farbton und Intensität gut von der Hintergrundfarbe abheben. Nur dann definieren und bereichern sie einen Raum in dunklen Tönen.

Dunkle, rauchige Farben wirken in der Küche und am Kamin gleichermaßen edel. Die Akzentfarben (Knallpink bzw. Knatschgelb) steuern eine Prise Extravaganz bei und machen aus dem Räumen viel mehr als einen Ort zum Kochen oder Herumsitzen – nämlich eine eigenständige Design-Aussage

siehe auch:
Planung S. 24

TIPP: Ein runder Küchentisch ist das perfekte Gegenstück zu geradlinigen Schränken.

Was Farbe leistet

Tonwerte und Wechselwirkungen

Viele Wohnungsbesitzer scheuen sich, etwas anderes als die »sicheren« Neutralfarben zu verwenden. Das ist ganz unnötig. Um Mut zu tanken, brauchst du dich nur mit dem Farbkreis vertraut zu machen (im Künstlerfachhandel oder im Internet) und dich für eine tonwertorientierte, eine harmonische oder eine Komplementärfarben-Palette zu entscheiden. Eine tonwertorientierte Palette umfasst entweder verschiedene Farben oder mehrere Töne einer Farbe, jedoch alle in sehr ähnlicher Intensität. Harmonische Farben sind auf dem Farbkreis benachbart und wirken stets ausgewogen und stimmig. Komplementärfarben bilden Kontraste (ohne sich zu beißen), wirken gewagt und dramatisch und werden meist nur in Maßen verwendet, um Akzente zu setzen. Damit ist schon alles Wesentliche gesagt und du kannst loslegen!

Tonwertorientierte Farbkombinationen sehen edel aus. Es sind entweder subtile Abstufungen einer Farbe (Ton in Ton) oder mehrere Farben gleichen Tonwerts. Du bist völlig frei in deiner Farbwahl, solltest aber reichlich Texturen und Muster einsetzen, damit so ein Schema nicht fade wirkt. Raumdesigner entscheiden sich oft für eine Farbe, streichen die Decke im hellsten Ton, die Wände eine Nuance dunkler und Leisten, Türen und andere Holzelemente im dunkelsten Ton.

Harmonische Farbkombinationen basieren auf Farben, die auf dem Farbkreis benachbart sind. Der Farbkreis ist einfach aufgebaut: Die drei Primärfarben (Rot, Gelb und Blau) bilden seine Basis. Drei Sekundärfarben (Orange, Grün und Violett) erhält man, wenn man jeweils zwei Primärfarben miteinander mischt. Durch Mischung einer Sekundär- und einer Primärfarbe entstehen die sechs Tertiärfarben (z. B. Grün und Gelb = Gelbgrün). So lassen sich unendlich viele Farbtöne und -schattierungen erzeugen. Harmonische Farbkombinationen sind für Renovier-Neulinge empfehlenswert, weil mit ihnen fast nichts schiefgehen kann.

Komplementärfarben-Kombinationen sind ausdrucksstärker und dramatischer. Sie bestehen aus Farben, die einander auf dem Farbkreis gegenüberstehen und sich gegenseitig in ihrer Wirkung verstärken (z.B. die Kombination von Rot und Grün oder Violett und Gelb). Bei diesem Kombinationstyp sollte eine der beiden Farben den Hauptanteil einnehmen. Werden beide zu gleichen Teilen verwendet, konkurrieren sie miteinander. Als Gegengewicht zu ihrer intensiven Wirkung können auch einige Neutralfarben (Seite 91) hinzugefügt werden, etwa warmes Creme oder Weiß.

siehe auch:
Textur S. 122

Tonwertorientiert

Eine ausgewogene Gruppe von intensiven Farben mit ähnlicher Intensität. Alleine verwendet würde jede dieser Farben einem Raum Erdung verleihen. Dunkles Grau, Blau, warmes Braun und Pflaumenviolett sind ausgezeichnete Kombinationspartner.

Harmonisch

Helle, luftige Farben von Kreide bis Flieder, von Türkis bis Rosa lassen an Sommerlandschaften denken. Sie sind gedämpft und zart, stehen in enger Nachbarschaft auf dem Farbkreis, vertragen sich gut miteinander und können auch alleine verwendet werden.

Komplementär

Die intensiven Farben, die einander auf dem Farbkreis gegenüberstehen, bieten sich für Farbakzente an. Kirschrot, Braunorange, stimmungsvolles Dunkelblau und Dunkelgrün besitzen Persönlichkeit und erstaunlich viel Charme.

Was Farbe leistet

Farbe und Stimmung

Die Wahl von Wohnfarben ist gar nicht so einfach: Du wünschst dir hinreißende Räume, aber die Farbauswahl ist unüberschaubar. Da Farben auch auf die Psyche wirken, überlege dir erst, welche Atmosphäre du im Raum schaffen möchtest: warm und gemütlich oder kühl und beruhigend? Manche Farben verändern das Tageslicht, andere beeinflussen die Wahrnehmung der Raumproportionen, darum solltest du auch die Gegebenheiten des Raums berücksichtigen. Wenn du diese Aspekte bedenkst wird dir die Gestaltung eines individuellen Farbschemas viel leichter fallen

Warme Farben wie Rot, Orange und Gelb verleihen einem Raum ein gesundes Leuchten und bieten sich für Nord- und Ostzimmer an, die relativ wenig Sonne bekommen. Stell dir reichlich gebrannte Siena mit etwas Zwetschgenviolett, Himbeerrosa und Pink vor. Fashionistas lieben diese Farben voller Charme, aber ihre dunkleren Töne können Sonnenlicht schlucken, darum solltest du sie mit glänzenden Oberflächen kombinieren, die Licht reflektieren. Warme Farben kommen auf den Betrachter zu und sind deshalb eine gute Wahl für große Dielen, gemütliche Esszimmer und Schlafzimmer mit Boudoir-Atmosphäre.

Kühle Farben wie Flieder, Grün und Blau sind ideal für Süd- und Westzimmer, weil sie intensives Sonnenlicht dämpfen. Sie rücken optisch vom Betrachter weg, lassen Räume größer wirken und bieten sich folglich für kleine Zimmer an. Die sanften und subtilen kühlen Farben gelten als entspannend und werden gern für ruhige Schlaf- und Arbeitszimmer gewählt. Aber auch ihre intensiveren Nuancen (kräftiges Blau beispielsweise) besitzen diesen Effekt.

Gute Kombinationen sind schwer zu definieren, weil es keine festen Regeln gibt. Lass dich einfach von der Atmosphäre leiten. Mir persönlich gefällt die Kombination der Farben von Muskat, Stein, Rosen, Pekannuss und Schokolade gut. Schön ist auch Bronze mit Azurblau, Dunkelgrau, Perlweiß, Lachs, Beige, Ocker und Salbeigrün. Beide Paletten sind ausdrucksvoll, lebendig und – wenn es gewollt ist – dramatisch. Wer es frischer mag, könnte sich für klare, reine Farben wie Limettengrün, Schlüsselblumengelb und Pink entscheiden.

Schlechte Kombinationen entstehen durch einen Mangel an visueller Harmonie und weniger durch den Einsatz bestimmter Geht-gar-nicht-Farben. Schließlich spielt auch der persönliche Geschmack eine Rolle. Versuche nicht, bestimmte Kombinationen zu vermeiden, sondern betone lieber einen Farbton und reduziere die Intensität eines anderen. Die Kunst liegt im rechten Maß. Weder in reizarmen Räumen (zu wenig Abwechslung in Farbe und Tonwert) noch in reizüberfluteten (zu viele intensive Kontraste) hält man es lange aus.

siehe auch
Licht S. 154

Warme Farben

Durch kräftiges Gelb, Muskatbraun und Orange sowie verschiedene Rottöne wirkt diese Palette einladend und freundlich. Sie eignet sich bestens für Wände und andere große Flächen.

Kühle Farben

Subtile Blau- und Grüntöne sind großartige Wohnfarben, weil sie die Wände optisch in die Ferne rücken. Diese Palette in der ganzen Farbenvielfalt des Meeres wirkt klar, frisch und unterschwellig modern.

Farben, die sich vertragen

Diese Farben harmonieren, weil sie alle aus der Natur stammen: gebrannte Erde, Holz, heller Stein, Petrolblau, Tannengrün. Eine Palette, die genug Abwechslung bietet, um interessant zu sein.

Raumanalyse

Allzu viele Farben bewirken eine Reizüberflutung. Für ruhige Räume eignet sich eine reduzierte, einfache Palette besser.

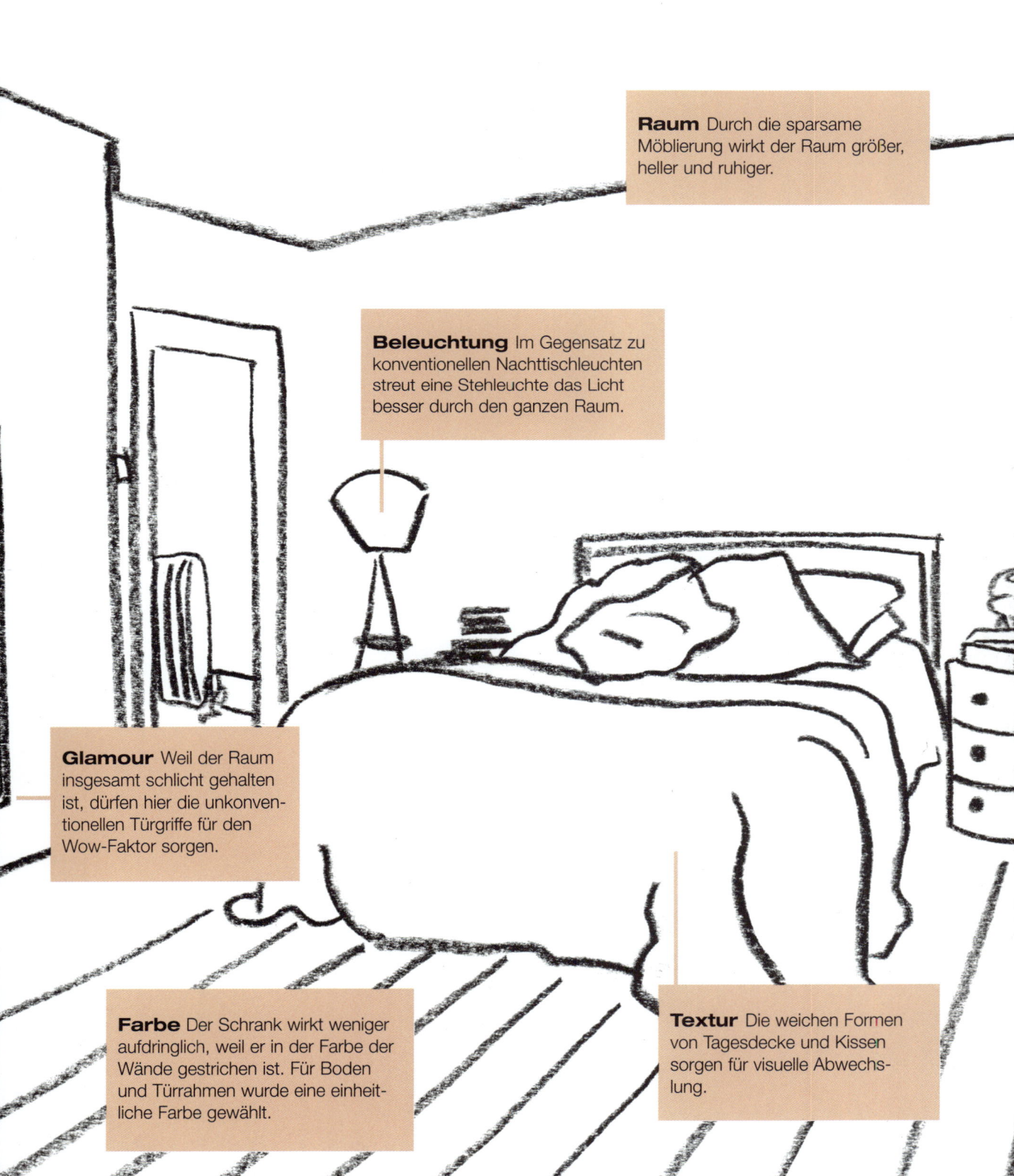

Raum Durch die sparsame Möblierung wirkt der Raum größer, heller und ruhiger.

Beleuchtung Im Gegensatz zu konventionellen Nachttischleuchten streut eine Stehleuchte das Licht besser durch den ganzen Raum.

Glamour Weil der Raum insgesamt schlicht gehalten ist, dürfen hier die unkonventionellen Türgriffe für den Wow-Faktor sorgen.

Farbe Der Schrank wirkt weniger aufdringlich, weil er in der Farbe der Wände gestrichen ist. Für Boden und Türrahmen wurde eine einheitliche Farbe gewählt.

Textur Die weichen Formen von Tagesdecke und Kissen sorgen für visuelle Abwechslung.

Mit Pinsel und Rolle
Die Utensilien

Ein frischer Anstrich kann Wände, Bodendielen und abgenutzte Möbel schnell und preiswert aufpeppen. Die Wahl der Farbe ist eine Frage der persönlichen Vorlieben, allerdings eignen sich manche für bestimmte Flächen besser als andere. Je stärker der Glanz, desto durabler ist die Farbe. Schneller geht die Arbeit mit Farben, die nur einen Auftrag erfordern, allerdings decken dunkle Farben nicht immer perfekt. Je nach gewünschtem Effekt wird Farbe mit Rolle oder Pinsel aufgetragen oder gesprüht.

Dispersionsfarbe auf Wasserbasis gibt es in matt (absorbiert das Licht) und seidenglänzend. Sie verdeckt kleine Unebenheiten in Wänden und eignet sich auch bestens für Decken. Für Bad und Küche ist sie allerdings untauglich, da die poröse Oberfläche Schmutz und Feuchtigkeit aufnimmt.

Seidenmatte Lackfarbe gibt es auf Wasser- und auf Lösemittelbasis. Sie hat einen schwachen seidigen Schimmer. Da sie sich besser sauber halten lässt als Dispersionsfarbe eignet sie sich gut für Wände und Holzelemente.

Seidenglanz-Lackfarbe glänzt etwas stärker. Sie wird gern für Holzelemente und Decken verwendet, verleiht aber auch verputzten Wänden edlen Glanz. Sie enthält Öle und kann feucht abgewischt werden.

Hochglanz-Lackfarbe enthält ebenfalls Öle, ist besonders durabel und reflektiert das Licht gut. Weil sie wasserbeständig und leicht zu reinigen ist, eignet sie sich gut für Holzelemente und Möbel. Nicht für Wände verwenden, da sie Unebenheiten betont.

Streichputz enthält Sand oder Kunstharzpartikel. Er ist dickflüssiger als Dispersionsfarbe, verdeckt aber kleine Risse und Unebenheiten und verleiht langweiligen Wänden eine interessante Struktur.

Rollen sind leicht zu benutzen und zu reinigen. Große Flächen sind mit ihnen schnell gestrichen, allerdings muss mit Spritzern und Klecksen gerechnet werden. Ecken und Kanten müssen mit dem Pinsel nachgearbeitet werden. Die Oberfläche hat eine leichte Orangenhaut-Struktur.

Pinsel erlauben einen kontrollierten, sauberen Farbauftrag. Für schwer erreichbare Stellen sind sie unerlässlich. Die Pinselqualität hat dabei großen Einfluss auf das Endergebnis. Naturborsten halten die Farbe besser als Synthetikborsten, außerdem sind sie geschmeidiger, sodass sich die Farbe besser verstreichen lässt.

Sprühlack erzeugt eine glatte, professionelle Oberfläche, eignet sich aber hauptsächlich für kleine Möbel oder Bilderrahmen. Wegen der Dämpfe am besten im Freien verwenden.

Die Wirkung des Durchgangs beruht auf der lebhaften, intensiven Farbkombination. Das kräftige Rot der Wände wird durch das Braun von Türrahmen und Leisten gebändigt.

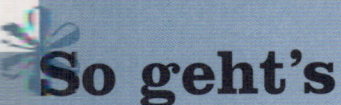

So geht's
Wände streichen

Farbe ist das beste Mittel, um Wände schnell und kostengünstig aufzupolieren. Mit der Rolle geht es zügig, aber mit einem Pinsel von guter Qualität fällt der Farbauftrag besser aus.

Das brauchst du:

Abdeckplanen
Trittleiter
Anlauger
Schwamm
Füllspachtel (falls nötig)
Tiefgrund
Malerkrepp
weiße Dispersionsfarbe
Farbe nach Wahl
Rührstab
verschiedene Pinsel

1 Decke den Boden und die Möbel mit Planen ab. Entferne alte Tapeten restlos (Seite 183). Wasche die Wände mit Anlauger ab (Seite 184) und fülle Risse und Löcher mit Füllspachtel aus (Seite 183). Streiche den Verputz mit Tiefgrund, damit er nicht so viel Farbe aufsaugt.

2 Klebe Leisten, Lichtschalter, Kamin etc. ab (Seite 180). Grundiere die Wände mit verdünnter Dispersionsfarbe. Wenn du einen dunklen Untergrund mit einer hellen Farbe streichen willst, verdünne die Dispersionsfarbe nicht. Lasse die Farbe trocknen (Trockenzeit gemäß Herstellerangabe).

3 Kontrolliere, ob die Farbmenge für den Raum ausreicht (beim Nachkaufen ist mit Farbabweichungen zu rechnen). Rühre die Farbe gut auf. Male mit einem 37 mm breiten Pinsel, der schräg angesetzt wird, einen schmalen Streifen am Übergang zwischen Wand und Decke, entlang der Fuß- und Rahmenleisten, um Lichtschalter und Steckdosen etc. Halte deine Hand dabei ruhig, um nicht zu übermalen.

4 Nun streiche mit dem größten Pinsel, mit dem du arbeiten möchtest (75 mm ist eine gute Größe) die restliche Wand Stück für Stück, an den Fenstern beginnend und von rechts nach links. Führe den Pinsel mit fließenden Bewegungen auf und ab und drehe ihn von Zeit zu Zeit um. Nimm nicht zu viel Farbe auf, sonst gibt es Kleckse und Laufnasen.

5 Laufnasen immer zügig verstreichen. Wenn sie doch schon getrocknet sind, lassen sie sich leicht abschleifen und überstreichen. Streiche über Außen-ecken hinaus und beende immer erst eine Wand, ehe du eine Pause machst, sonst sieht man später den Ansatz.

6 Lasse die Farbe trocknen (Trockenzeit gemäß Herstellerangabe) und trage dann eine zweite Schicht auf. Nach der Arbeit die Pinsel immer gründlich auswaschen (Seite 180).

TIPP: Achte bei der Arbeit auf der Leiter auf einen sicheren Stand und lehne dich nicht zu weit über.

Mit Pinsel und Rolle

Gestrichene Böden

Farbe ist nicht nur für Decken und Wände da, auch Böden können durch einen Anstrich zu einer modernen Raumwirkung beitragen. Das Streichen ist einfach (Seite 106) und die Pflege nachher unkompliziert. Teppiche sind warm und weich, aber sie taugen nicht für Allergiker, kommen schnell aus der Mode und halten nicht so lange wie Dielen. Außerdem werden gestrichene Böden durch Alter und stetigen Gebrauch nur umso schöner. Was man früher Abnutzungsspuren nannte, wird heute als ehrwürdige Patina geschätzt.

Mit einem dunklen Hochglanzanstrich wird aus profanen Dielen ein edler Boden. Weil er Licht reflektiert, kann er ein dunkles Treppenhaus aufhellen. Außerdem gibt er einen tollen Hintergrund für interessante Dekorationen wie die witzige Hundeskulptur oder den bunten Lampenschirm ab.

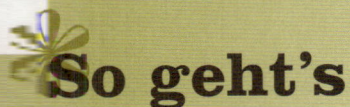

So geht's

Fußböden schleifen und streichen

Veredele schäbige Bodendielen mit einer Schicht schöner Farbe – kleiner Preis, große Wirkung! Wie bei vielen Arbeiten steht und fällt das Ergebnis mit der sorgfältigen Vorbereitung.

Das brauchst du:

Parkettschleifmaschine und
  Kantenschleifer
Schleifpapier in verschiedenen
  Körnungen
Nagelversenker
Hammer
Malerkrepp
Schutzbrille und Staubschutzmaske
Anlauger
Schwamm
fusselfreier Lappen
Waschbenzin
Harzbinder
Holzgrundierung
Vorstrichfarbe
Farbe
Rührstab
verschiedene Pinsel

TIPP: Beginne in einer der Tür gegenüberliegenden Ecke, damit du am Ende wieder herauskommst!

Stoppen und halte sie ansonsten immer in Bewegung, sonst entstehen Riefen im Holz.

3 Spanne grobes Schleifpapier in den Kantenschleifer ein und schleife die Kanten, die du mit der Flächenmaschine nicht erreicht hast. Achte darauf, Türen und Fußleisten dabei nicht zu beschädigen.

4 Spanne mittelfeines Papier in den Flächenschleifer ein und schleife wieder in Längsrichtung der Dielen in überlappenden Bahnen. Schleife dann die Kanten mit derselben Körnung. Wiederhole beide Arbeitsschritte mit feinem Schleifpapier.

5 Sauge den Staub gründlich ab. Wasche den Boden mit Anlauger ab und entstaube ihn danach mit einem Tuch, das mit Waschbenzin angefeuchtet ist, restlos (Seite 184). Klebe Fußleisten und Türrahmen ab. Bestreiche Äste im Holz mit Harzbinder und behandele die gesamte Fläche mit Holzgrundierung (Seite 183). Streiche danach die Fläche vor (Seite 184).

6 Rühre die Farbe gut auf (Seite 181) und beginne in einer der Tür gegenüberliegenden Ecke zu streichen. Nimm den größten Pinsel, den du handlich findest; er sollte aber nicht breiter als eine Diele sein (75 mm ist ein gutes Maß). Streiche immer in Längsrichtung zwei Dielen in einem Arbeitsgang. Verwende entlang der Fußleisten und Wände einen schmaleren Pinsel (25 mm), damit die Kanten akkurat werden.

7 Schleife nach dem Trocknen die Farbe leicht von Hand an, sauge und wische die Fläche ab wie zuvor. Dann wiederhole das Streichen. Die Farbe ist erst nach drei oder vier Tagen restlos ausgehärtet und sollte bis dahin nicht strapaziert werden. Wasche nach der Arbeit die Pinsel gründlich aus (Seite 180).

1 Das Schleifen des Bodens ist eine grässliche, staubige Arbeit, aber unerlässlich für ein gutes Ergebnis. Schleifmaschine und Kantenschleifer kann man mieten. Du brauchst Schleifpapier in drei Körnungen: grob, mittel und fein. Schlage zuerst vorstehende Nägel mit Versenker und Hammer tief ins Holz ein. Kleine Fugen geben dem Boden Charakter, in breitere kannst du schmale Holzstreifen einleimen. Klebe den Türrahmen mit Malerkrepp ab (Seite 180).

2 Lies die Gebrauchsanleitung der Schleifmaschine. Spanne grobes Schleifpapier ein, setze Schutzbrille und Atemschutzmaske auf und schleife den Boden in diagonalen, leicht überlappenden Bahnen. Beim Einschalten bewegt sich die Maschine von allein vorwärts – halte sie gut fest, damit sie langsam und gleichmäßig vorrückt. Neige die Maschine beim Starten und

So geht's
Türen streichen

Mit einem frischen Anstrich sehen ramponierte Türen wieder wie neu aus. Mit ein paar Tricks gelingt dir eine professionelle Renovierung.

Das brauchst du:

Trittleiter
Abdeckplanen
Malerkrepp
Schleifpapier
Harzbinder
Holzgrundierung
Anlauger
Schwamm
fusselfreier Lappen
Waschbenzin
Vorstreichfarbe
 (falls nötig)
verschiedene Pinsel
Farbe, matt oder
 glänzend

1 Decke den Boden mit Planen ab. Nimm Schließblech und Griff der Tür ab und klebe die Wand entlang des Türrahmens ab (Seite 180). Schleife neue Holztüren leicht an, bestreiche Äste mit Harzbinder und trage Holzgrundierung auf (Seite 183). Bei bereits gestrichenen Türen reicht es, sie anzuschleifen und mit Anlauger abzuwaschen (Seite 184). Nur lose oder sehr buckelige Anstriche sollten abgebeizt werden (Seite 184). Feuchte ein Tuch mit Waschbenzin an und wische damit den Schleifstaub gründlich ab.

2 Damit das Holz nicht zu viel Farbe aufsaugt, trage mit einem 50 mm breiten Pinsel Vorstrichfarbe auf. Verwende für helle Endanstriche eine helle Grundierung und für dunkle eine dunkle. Schleife die Farbe nach dem Trocknen leicht an und wische sie wie oben beschrieben ab.

3 Trage auf einer glatten Tür die Farbe mit einem Flachpinsel auf. Beginne in der linken oberen Ecke, streiche längs

und quer und lass die Striche überlappen, um keine Stelle auszulassen. Arbeite mit lockerem Handgelenk, folge der Holzmaserung und trage die Farbe nicht zu dick auf, sonst geht der Glanz verloren. Beseitige Laufnasen zügig mit einem Aufwärtsstrich.

4 Streiche bei Kassettentüren zuerst die Rahmenleisten von innen nach außen und verwende dann einen 50 mm breiten, abgewinkelten Pinsel für die Profilleisten. Streiche zum Schluss die glatten Flächen mit dem Flachpinsel: zuerst die inneren Senkrechten, dann die Waagerechten und zuletzt die langen, äußeren Senkrechten. Arbeite zügig und verstreiche die Übergänge zwischen den verschiedenen Teilbereichen.

5 Zuletzt streichst du den Türrahmen mit einem schmaleren abgewinkelten Pinsel. Lackfarben auf Lösemittelbasis können nach 24 Stunden Trockenzeit ein zweites Mal gestrichen werden. Wasche nach der Arbeit die Pinsel gründlich aus (Seite 180).

TIPP: : Sparsamkeit beim Pinselkauf rächt sich: Je besser der Pinsel, desto schöner wird der Anstrich.

Farbige Muster

Wer sich eine wirklich individuelle Gestaltung wünscht, sollte Farbe und Muster kombinieren. Wirkt dein soeben mühevoll gestrichener Raum irgendwie fade, dann denk einmal über Muster nach – zum Beispiel auf Tapete, Möbeln oder Accessoires wie Kissen und Teppichen. Sei ruhig mutig und vergiss nicht, dass ein Raum ohne Weiteres sechs oder sieben verschiedene Kombinationen verkraften kann, ohne wirr auszusehen. Grundsätzlich sind Variationen in Muster und Größe vorteilhaft, vielleicht ein breiter Streifen zu einem kleinteiligen Blumenmuster. Du kannst auch mehrere Muster mit ähnlichem Thema wählen, etwa Chinoiserie oder Pflanzenmotive, um optischen Zusammenhalt zu schaffen. Auch Farbe kann solche Brücken schlagen, deshalb ist es günstig, wenn die Muster in ähnlichen Farben gehalten sind.

Jede Menge verschiedene Muster nebeneinander – eine solche Opulenz ist mutig, aber verfehlt nicht ihre Wirkung. Der Mix funktioniert, weil alle Muster in derselben Palette von Himbeertönen, Blau und Grün gehalten sind und weil einige klassische Neutraltöne ein Gegengewicht bilden. Für so eine Gestaltung braucht man schon gute Nerven, aber sie wirkt lebendig, quirlig und auf jeden Fall anders.

TIPP: Konkave Spiegel vergrößern den Raum und verhindern, dass die Muster-vielfalt zu erdrückend wirkt.

Farbige Muster
Akzent und Stimmung

Kombinationen von Mustern wirken am besten, wenn das Auge dazwischen auch Ruhe findet. Zu viele visuelle Reize wirken ermüdend und können einen sogar aus dem Raum treiben. Integriere schlichtere Elemente, die deinen Mustern einen Hintergrund geben, etwa indem du sie mit weißen Leisten und Accessoires unterbrichst oder die Möbel vor eine Wand in einem dunklen Ton stellst. Oder beschränke die Muster in deinem Raum auf akzentuierende Objekte wie Kissen, Decken und Teppiche, die sich leicht umlegen oder ganz wegräumen lassen, wenn es dir zu bunt wird. Wie Farben beeinflussen auch Muster die Stimmung. Wenn du es formal magst, wähle eine Tapete mit klassischem Toile-Muster oder modernerem Flockprint. Wenn du eher der romantische Typ bist, gefallen dir vielleicht bauschige Blumenvorhänge. Auch aufregend!

Das ältere Gemälde und der neuere gepolsterte Schaukelstuhl bringen ganz verschiedene Muster ins Spiel, die sich aber gut vertragen. Das Ensemble wirkt enorm ausdrucksvoll: Die kontrastfarbigen Stoffe des Stuhls beleben den Raum und bekommen durch den weiß gestrichenen Boden und die grauen Wände ein gutes Gegengewicht.

Raumanalyse

Farbe ist wieder modern: Besonders individuell wirkt die Kombination greller, frecher Farben mit traditionellen Tönen.

Stil Verschiedene Bilderrahmen stellen sicher, dass das Design nicht zu streng wirkt.

Raum Ein großer Raum mit hoher Decke wirkt durch zierliche Möbel noch stattlicher.

Farbe Fein abgestimmt wirkt das Design, wenn sich eine Farbe der Tapete auf den Möbeln und Accessoires wiederholt. Die neutralen Fußleisten wirken wie ein Rahmen für die vielen Farben.

Textur Ein wild gemusterter Teppich mit ausgeprägter Textur verträgt keine Konkurrenz, wohl aber das Gegengewicht des dunklen Holzbodens.

Farbige Muster
Tapeten-Vielfalt

Tapeten – vor allem auffällige – sind wieder groß in Mode. Neue Verarbeitungs- und Druckverfahren haben dazu geführt, dass eine riesige Auswahl an Farben, Mustern und Oberflächen auf dem Markt ist. Die Preisspanne reicht von billig bis exorbitant, aber wer sich in etwas Teures verliebt, kann immerhin selbst tapezieren (Seite 118) und dadurch sparen. Eine schöne Tapete – auf nur einer Wand oder im ganzen Raum – ist in jedem Fall ein Gewinn.

Makulatur ist keine Tapete im engeren Sinn. Sie wird unter der eigentlichen Tapete aufgeklebt, wenn der Untergrund uneben oder in einer intensiven Farbe gestrichen ist. Man kann sie auch streichen, wenn ein Anstrich direkt auf der Wand nicht möglich ist.

Papiertapete mit aufgedrucktem Muster bekommt man preiswert im Baumarkt. Sie ist leicht zu verarbeiten, aber die Motive und Muster sind oft nicht sonderlich fantasievoll. Weil sie dünn ist, zeichnen sich starke Unebenheiten in den Wänden rest ab.

Raufasertapete war früher für unebene Wände beliebt. Im Hinblick auf Oberfläche und Stil ist sie aber eher langweilig, und das spätere Ablösen kann ein wahrer Albtraum sein.

Vinyltapete hat eine wasserbeständige Beschichtung. Dadurch ist sie strapazierfähig und gut für Feuchträume wie Küche und Bad geeignet. Man kann sie feucht abwischen, aber die glänzende Oberfläche gefällt nicht jedem.

Weiße Prägetapete (Anaglypta) gibt es mit verschiedensten Mustern von floral bis geometrisch und in unterschiedlich starker Reliefoptik. Sie eignet sich gut zum Vertuschen von Unebenheiten in den Wänden, muss aber ein- bis zweimal gestrichen werden.

Farbige Prägetapete gibt es in einer ähnlichen Vielfalt wie Anaglypta, jedoch mit farbiger Oberfläche, sodass sie nicht gestrichen werden muss.

Flockprint-Tapete fühlt sich interessant an und ist superstylish. Das plastische Muster besteht aus pulverisierten Fasern, die sich wie Samt anfühlen und auch so aussehen. Die typischen, oft großteiligen und floralen Muster (wie Paisley oder Damast) wirken formal und luxuriös.

Spezialtapeten gibt es in vielen Variationen, die schwer in Kategorien zu fassen sind. Handbedruckte Tapeten bestechen durch ihre Farbtiefe, aber da sie auf Bestellung von Kunsthandwerkern gefertigt werden, sind sie sehr teuer. Hinreißende Texturen haben Tapeten mit Oberflächen aus Filz, Leder, Sackleinen, Seide oder Gras.

Mit einer gewagten, auffällig gemusterten Tapete kann ein kleiner Flur großen Eindruck machen – fast so, als wären die Wände Kunstwerke.

TIPP: Kreative Querdenker
nutzen jeden Zentimeter:
Eine Bar auf einem Tischchen
im Flur – warum denn nicht?

So geht's
Tapezieren

Um langweiligen Wänden einen ganz neuen Charakter zu verpassen, brauchst du ein paar (unerlässliche) Werkzeuge, etwas Geduld und auch ein wenig Kraft in den Armen. Wenn du dann noch ein paar einfache Regeln beachtest, geht die Arbeit flott von der Hand.

Das brauchst du:

Abdeckplanen
Trittleiter
Spachtel/Schaber
Füllspachtel bei Bedarf,
Tapetengrund
Rolle
Tapete nach Wahl
Tapeziertisch
Roll-Maßband
Schere mit langen Klingen
Stahlschiene
Tapetenkleister
Kleisterbürste
Eimer (für Kleister)
Schwamm
Lotschnur
Bleistift
Tapezierbürste
Schraubenzieher
Cutter

1 Decke Boden und Möbel mit Planen ab. Entferne alte Tapeten restlos von der Wand (Seite 183). Spachtele Risse und Löcher und trage dann mit einer Rolle Tapetengrund auf (Seite 184). Wenn du helle Tapete auf eine dunkle Wand kleben willst, verwende einen eingefärbten Tapetengrund im Hauptfarbton der Tapete. Lasse den Anstrich mindestens 24 Stunden trocknen.

2 Miss die Länge der Tapetenbahnen aus. Gib beim Abschneiden von der Rolle oben und unten 5 cm zu (für den späteren exakten Zuschnitt). Achte bei gemusterten Tapeten auf die Laufrichtung (das äußere Ende der Rolle ist nicht unbedingt oben) und schneide so, dass oben auf der Wand ein vollständiges Muster zu sehen ist. Rolle die nächste Bahn auf und schneide sie so, dass die Muster beider Bahnen zusammenpassen. Hebe den Verschnitt immer auf, womöglich kannst du ihn später für kleinere Flächen verwenden, z. B. über Fenstern und Türen.

3 Lege die erste Tapetenbahn mit der bedruckten Seite nach unten auf den Tapeziertisch. Bestreiche die Rückseite gleichmäßig mit Tapetenkleister – sei dabei besonders sorgfältig an den Rändern. Wenn Kleister auf die Vorderseite kommt, entferne ihn sofort mit einem Schwamm. Vorgekleisterte Tapete musst du nur mit warmem Wasser anfeuchten. Falte das obere und untere Ende der Bahn locker zur Mitte und lasse die Tapete einweichen (die Einweichzeit steht auf der Verpackung des Kleisters).

4 Beginne bei groß gemusterten Tapeten in der Mitte einer auffälligen Wand (z. B. am Kaminvorsprung). Bei schlichter gemusterten Tapeten beginnst du lieber in einer Ecke und arbeitest von links nach rechts. Weil Ecken selten genau rechtwinklig sind, solltest du im Abstand von einer Tapetenbreite zur Ecke eine Lotschnur aufhängen. Lasse das Lot frei hängen und zeichne entlang der Schnur mehrere Bleistiftpunkte an. Verbinde die Punkte mithilfe der Stahlschiene.

5 Klappe das obere Ende der eingeweichten Tapetenbahn auf und klebe sie exakt entlang der Lotlinie an die Wand. Lasse am oberen Rand zunächst 5 cm überstehen. Drücke mit der Tapezierbürste zuerst in der Mitte an und bürste dann zu den Rändern hin, um Luftblasen herauszudrücken. Klappe die untere Hälfte der Tapete auf und klebe sie ebenso an. Wische hervorquellenden Kleister mit dem Schwamm ab. Streiche mit der Scherenspitze in den Falzen am Ansatz von Decke und Fußboden entlang. Löse

①

②

TIPP: Bei hartnäckigen Luftblasen: Mit dem Cutter ein-
schneiden, Luft herausdrücken
und Tapete fest andrücken.

die Tapete vorsichtig ein Stück und
schneide den Überstand entlang der
eingedrückten Linie ab. Drücke sie dann
wieder an. Richte beim Ankleben weiterer Bahnen jeweils das Muster an der
vorherigen Bahn aus.

6 Klebe niemals eine ganze Tapetenbahn um eine Innenecke, sondern
schneide die Bahn durch. Miss zuerst
den Abstand zwischen der letzten Bahn
und der Ecke an mehreren Punkten
zwischen Decke und Fußboden.
Schneide dann die Tapetenbahn längs
durch, aber 2,5 cm breiter als das er-
mittelte Maß. Kleistere die Bahn ein und
klebe sie an. Dann kleistere auch den
verbleibenden Streifen ein. Zeichne an
der nächsten Wand eine Lotlinie an und
klebe den Streifen so, dass er die um die
Ecke geführten 2,5 cm leicht überlappt.
Versuche das Muster möglichst genau

anzufügen. Gehe bei Außenecken genauso vor, hier solltest du aber mindestens 5 cm Tapete um die Ecke kleben.

7 Schneide beim Tapezieren um Fenster und Türen die Bahn grob zu, gib aber
2,5 cm für den exakten Zuschnitt zu.
Dasselbe gilt für Heizkörper und andere
unbewegliche Objekte. Beim Tapezieren
um Lichtschalter und Steckdosen herum ist es wichtig, zuallererst die Sicherung auszuschalten und die Abdeckung
von Schalter oder Dose abzuschrauben.
Streiche dann die Tapete darüber glatt
und schneide sie mit einem Cutter vorsichtig ein: kreuzweise bei eckigen Formen, und zwar von der Mitte bis 2,5 cm
über die Ecken hinaus, und sternförmig
bei runden Formen. Drücke die Tapete
an und schneide die Zipfel an den Ein-
schnitten ab. Schraube die Abdeckung
wieder an und schalte die Sicherung ein.

Textur

Textur schaffen

Ohne das Zusammenspiel verschiedener Materialien und Oberflächen würden Räume statisch und leblos wirken. Professionelle Raumgestalter setzen darum auf Texturen, kombinieren Leder und Backstein, Seide und Wolle, Bast und Glas. Spiele auch du mit Kontrasten und setze glatte Böden zu rauen Wänden ein, grobe Chenillekissen zu Samtdecken, dicke Wolle zu feinem Musselin. Gerade Textilien empfehlen sich für schnelle Veränderungen von Räumen, weil sie so viele verschiedene Texturen zu essen. Außerdem vermitteln sie Sinnlichkeit und Luxus, denke nur an weiche Merinodecken, griffige Leinenvorhänge, glänzende Satinkissen oder an die Patina von gealtertem Leder. Man kann Textilien einzeln als Blickfang präsentieren oder nach Muster, Farbe oder Größe in Gruppen arrangieren.

Verschiedene Textilien, Accessoires und persönliche Souvenirs sind die Schmuckstücke eines Raums. Decken und Kissen können im Nu die verschiedensten Texturen beisteuern und tragen so dazu bei, dass ein Raum einladend und »vollständig« wirkt.

Raumanalyse

Für den entspannten Feierabend empfehlen sich Textilien, die sich angenehm und wohlig anfühlen, etwa Wolle, Seide und Baumwolle.

Fensterdekoration Für Texturkontrast sorgt die Kombination aus geradlinigen Jalousien und weich fallenden Vorhängen.

Stil Sofas mit reichlich Kissen und Decken laden dazu ein, die Füße hochzulegen.

Textur Durch die vielen verschiedenen Bezugstoffe wirken die Möbel schön ungezwungen. Die Vielfalt an Texturen – dick, dünn, glänzend, matt – verleiht dem Raum Energie.

Farbe Die großformatigen Möbel und die leuchtenden Farben wirken nicht erdrückend, weil der Fußboden hell und neutral gehalten ist.

Textur schaffen

Bei Textur geht es nicht nur um den haptischen, sondern auch um den visuellen Reiz. Die Oberflächen bestimmen die Ausstrahlung eines Raums (Seite 128). Decken beispielsweise können tapeziert, rau verputzt und gestrichen oder mit Paneelen verkleidet sein. Wände mit einer Holztäfelung wirken eher gemütlich, während roher Backstein Industrie-Chic vermittelt. Für den Fußboden wären sachlicher Zement, Terrakottafliesen im ländlichen Stil oder edles, glänzendes Hartholz denkbar. Architektonische Details wie Scheuer- und Deckenleisten, Stuck oder Deckenrosetten (Seite 132) steuern ein weiteres Texturelement bei und können auch die Wahrnehmung der Raumproportionen beeinflussen. Und mixt man diese Raumtexturen mit verschiedenen Textilien, entsteht eine faszinierende Kombination, die das Auge ebenso wie den Tastsinn anspricht und Räumen Leben einhaucht. Die Grenzen des Möglichen bestimmt allein deine Fantasie.

In dieser Küche treffen verschiedene Texturen aufeinander: ein Spritzschild aus gebürstetem Edelstahl, Terrakottafliesen auf dem Boden und glänzende Küchengeräte. Als Gegengewichte zu den blanken, kantigen Elementen dienen der Sessel mit dem bunten Bezug – ein überraschendes Küchenmöbel – und die Holzbeine der Schränke.

siehe auch:
Farbe S. 110

Oberflächen
Wand und Boden

Texturen lassen sich auf verschiedene Weise einbringen. Wende dich zuerst den Flächen zu, die das Skelett des Raums bilden: Wände und Boden. Manche Materialien beeinflussen enorm die Raumatmosphäre. Backstein und Beton besitzen eine moderne, urbane Lässigkeit, während eine Holztäfelung wärmer und gemütlicher wirkt. Das Material sollte auch auf die Funktion des Raums abgestimmt sein: Ein grob strukturierter Fußboden eignet sich nicht so gut für die Küche, weil er sich schwer sauber halten lässt. Eine Täfelung kannst du eigenhändig anbringen, andere Techniken sind anspruchsvoller und sollten besser Fachleuten überlassen werden – was allerdings seinen Preis hat. Abgesehen vom Kostenfaktor solltest du Experimente nicht scheuen und bei der Materialwahl auch einmal Ungewöhnliches wagen.

Ziegel wirken roh, irgendwie unfertig, aber man muss sie nie putzen oder streichen. Egal ob du vorhandene Backsteinwände freilegst oder eine Wand mit Ziegeln verkleidest, in jedem Fall musst du mit viel Baustaub rechnen. Mit Fliesen in Ziegeloptik erzielst du einen ähnlichen Effekt bei viel weniger Aufwand. Es gibt solche Fliesen in verschiedenen Texturen und in vielen Farben von tiefem Schwarz bis zu warmem Feldgrau. Eine solche Verkleidung macht aus einer langweiligen Wand einen attraktiven Hingucker. Übrigens eignen sich diese Fliesen auch als Bodenbelag.

Beton wird als Material für Wände und Böden unterschätzt. Er kann sehr dekorativ sein und wird darum von Raumdesignern in aller Welt geschätzt. Heute ist er in vielen Farben und Texturen erhältlich. Prinzipiell wirkt er etwas sachlich und industriell, kann aber durch

Accessoires wie Decken und Teppiche (Seite 122) eine weichere, gemütliche Ausstrahlung bekommen.

Verputz hat ebenfalls urbanen Charakter. Verputze Wände sind ein ausgezeichneter Hintergrund für auffällige moderne Gemälde oder interessante Hochglanzfotos: In beiden Fällen entsteht ein reizvoller Kontrast von Texturen. Verputz ist normalerweise hell rosa, kann aber mit Pigmenten eingefärbt werden. Außerdem kann man ihn polieren, streichen oder bemalen – beispielsweise mit einem Trompe-l'Œil.

Täfelung sieht attraktiv aus und eignet sich gut, um unebene Wände zu verstecken. Langweiligen Räumen ohne architektonische Merkmale (Seite 132) gibt eine Täfelung Charakter. Sie ist schlicht und elegant, relativ leicht anzubringen (Seite 130) und nicht sehr teuer.

Backsteinmauern sind die Rohdiamanten des Raumdesigns. Diese alten verschiedenfarbigen, abgestoßenen Ziegel könnten sicherlich einige Geschichten erzählen. Die Kombination mit der selbst gebauten Treppen-Vertäfelung und einzelnen modernen Möbeln ist ausgesprochen gelungen.

So geht's
Täfeln mit Profilbrettern

Eine Täfelung wirkt solide und behaglich. Man kann sie dezent in der Farbe der Wände streichen oder mit einer Knallfarbe betonen – und obendrein lassen sich dahinter buckelige Wände gut verstecken.

Das brauchst du:

Profilbretter mit Nut und
   Feder
Latten
Drahtbürste
Spachtel
Bohrmaschine und
   Bohrer
Dübel und Schrauben
Schleifpapier
fusselfreier Lappen
Waschbenzin
Wasserwaage
Bleistift
Paneelstifte
Nagelversenker
Hammer
zur Endbehandlung:
   Harzbinder,
   Holzgrundierung,
   Klarlack,
   Holzasur oder Buntlack,
   Pinsel

1 Miss die Fläche aus, die getäfelt werden soll. Lass dir Latten und Täfelbretter im Baumarkt zuschneiden. Packe das Holz aus und lasse es in dem Raum, in dem es angebracht werden soll, mindestens zwei Wochen flach liegen. Diese Zeit ist notwendig, damit das Holz sich akklimatisiert und sich später nicht verzieht.

2 Montiere sämtliche Bilderhaken, Leisten, Steckdosen und Lichtschalter ab (schalte vorher die Sicherungen aus). Säubere die Wand mit der Drahtbürste. Schabe losen Verputz mit einem Spachtel ab.

3 Bringe die Latten waagerecht in Abständen von ca. 40 cm an. Dazu brauchst du eine Bohrmaschine, Dübel und Schrauben (Seite 181). Bohre die Latten vor, halte sie an die Wand und zeichne dort die Löcher an. Für Leichtbauwände solltest du Latten mit einem Querschnitt von 2 x 5 cm verwenden, dazu Schrauben, die 2 cm länger sind als die Stärke der Latten und der Gipskartonplatten zusammen. Für Backstein- und Gasbetonmauern sollten es Latten mit einem Querschnitt von 3,8 x 5 cm und mindestens 6 cm lange Schrauben sein.

4 Schleife die Täfelbretter leicht an und sauge den Staub ab. Feuchte einen Lappen mit Waschbenzin an (Seite 184) und wische das Holz ab. Falls Außenecken getäfelt werden sollen, beginne dort. Ansonsten solltest du in der linken Ecke beginnen. Richte das erste Täfelbrett mit der Wasserwaage senkrecht aus und nagele es an jeder Latte mit einem Paneelstift durch die Feder fest. Schlage die letzten Millimeter des Nagels mit dem Versenker ein.

TIPP: Unebenheiten in der Wand lassen sich durch Hartfaserplatten ausgleichen.

5 Schiebe die Nut des nächsten Bretts auf die Feder. Falls nötig, das Brett festhämmern, dabei einen Holzrest zwischenlegen, um die Feder nicht zu beschädigen. Nagele das Brett wieder fest. Befestige an einer Innenecke die Bretter auf Stoß, eventuell das letzte Brett passend sägen. Wird die Wand nicht bis zur Decke getäfelt, befestige als Abschluss eine Leiste oder ein schmales Regal auf den Brettern.

6 Säge für Lichtschalter und Steckdosen Löcher in die Bretter. Die Dosen selbst solltest du von einem Elektriker auf das Niveau der Täfelung bringen lassen. Das Holz nach Wunsch mit Grundierung, Farbe, Lack oder Lasur behandeln.

Oberflächen

Architektonische Elemente

Architektonische Details jeder Art solltest du unbedingt erhalten. In Häusern, die nach den 1960er Jahren gebaut wurden, findet man zwar nur selten dekorativen Stuck, Kaminsimse, profilierte Fuß- und Rahmenleisten und dergleichen, aber zum Glück gibt es heute gute Reproduktionen sowie Händler für historische Baumaterialien. Solche Details müssen weder historisch korrekt noch allzu üppig sein. Eine relativ schlichte Stuckleiste wirkt genauso edel wie eine aufwendig gearbeitete und selbst eine simple Fußleiste gibt einem modernen Raum mit Kastencharakter mehr Charme. Solche Zierelemente sind relativ preiswert und leicht anzubringen, wirken aber sehr elegant und bereichern jeden Raum durch ihre Texturen.

Wandabschlussleisten am Übergang zwischen Wand und Decke bestanden früher aus Stuck. Heute sind leichte Reproduktionen aus Styropor oder MDF mit Papier-Ummantelung erhältlich. Die Breite der Leiste sollte mit dem Raum harmonieren: Je kleiner der Raum, desto schmaler die Leiste.

Decken-Zierleisten sind meist aufwendiger gestaltet und werden an der Decke angebracht. Sie fallen besonders ins Auge, wenn man sie farblich von Wänden und Decke absetzt.

Scheuerleisten dienen früher zum Schutz der Wand vor Kratzern und Dellen durch Stuhllehnen. Sie eignen sich gut, um den Blick durch kleine Räume zu leiten, aber sie können auch eine große Wand effektvoll unterbrechen. Traditionell bilden sie den Abschluss einer halbhohen Wandtäfelung (Seite 130).

Bilderleisten unterteilen, ebenso wie Scheuerleisten, große Wandflächen. Sie schützen die Wand, weil man Haken oder Nägel für Bilder an der Leiste befestigt, sodass keine Löcher in der Wand nötig sind. Normalerweise werden sie auf drei Vierteln der Wandhöhe angebracht.

Deckenrosetten mit oder ohne Lampenanschluss, sind ein schöner Blickfang für jeden Raum. Sie sind einfach anzubringen (Seite 134), ziehen den Blick nach oben, lassen die Decke höher erscheinen und geben schlichten Zimmern mehr Eleganz.

Kaminsimse und Kamin-Einfassungen sind selbst dann ein Hauptblickfang, wenn im Kamin kein Feuer brennt. Es gibt sie in vielen Varianten, z. B. aus Gusseisen, mit historischen Fliesen oder aus Holz. Natürlich bietet sich das Kaminsims als Schaubühne für besondere Objekte an.

Die historische Gusseisen-Kaminfront mit ihrem traditionellen Charme passt gut zum modernen, urbanen Stil dieses Schlafzimmers. Die zierliche Größe von Feueröffnung und Rahmen fügt sich harmonisch in die Proportionen des kleinen Raums.

siehe auch:
Glamour S. 62, S. 78
Farbe S. 92

TIPP: Eine dezentriert gehängte Deckenleuchte verleiht deinem Raum den Chic eines Boudoirs.

So geht's

Eine Deckenrosette anbringen

Ob Stuck, Kunststoff oder Styropor: Eine Deckenrosette besticht durch ihre Textur und ist – sogar ohne eine Leuchte in der Mitte – ein großartiger Blickfang.

1

2

TIPP: Diese Arbeit geht mit einem oder zwei Helfern leichter von der Hand – und mehr Spaß macht es gemeinsam auch.

Das brauchst du:

Deckenrosette
  nach Wahl
Trittleiter
Lappen
Tiefgrund und Farbe
  (nach Belieben)
Pinsel (bei Bedarf)
Metallsuchgerät
  (bei Bedarf)
Bohrmaschine und
  Bohrer
Bleistift
Klebstoff
Schrauben
Schraubenzieher
Acryl-Dichtungsmasse
Füllspachtel
Spachtel

1 Falls du eine Lampe abmontieren musst, schalte zuerst die Sicherung aus. Schraube die Fassung ab, sodass nur das Kabel herabhängt. (Falls du nicht genau weißt, wie man eine Lampe abklemmt und anschließt, beauftrage lieber einen Elektriker.) Entstaube die Decke und wische sie mit einem feuchten Tuch ab.

2 Falls die Rosette gestrichen werden soll, tu das vor dem Montieren. Eine Stuckrosette solltest du mit Tiefgrund vorstreichen.

3 Schwere Stuckrosetten werden geklebt und zusätzlich festgeschraubt. Bei Leichtbaudecken solltest du nur in die Latten oder Träger schrauben. Halte die Rosette an die Decke und bohre rings um ihren Rand mehrere Löcher. Dann bohre ein größeres Loch für das Stromkabel durch die Mitte. Bei leichten Rosetten aus Styropor genügt ein Mittelloch.

4 Trage auf die Rückseite der Rosette einen vom Hersteller empfohlenen Klebstoff auf: ringsherum auf den Rand sowie auf alle Flächen, die in Kontakt mit der Decke kommen.

5 Steige mit der Rosette auf die Leiter, lege sie auf der Leiter ab und führe das Kabel durch das Mittelloch. Dann drücke die Rosette fest an die Decke. Schraube sie in den vorgebohrten Löchern fest, zieh aber die Schrauben nicht zu fest an, sonst kann die Rosette Schaden nehmen.

6 Lasse den Klebstoff trocknen und verspachtele dann Lücken zwischen Decke und Rosette. Decke auch die Schraubenköpfe mit Spachtel ab und übertupfe sie eventuell mit Farbe.

7 Nun bringe die Lampe wieder an, schalte die Sicherung ein und bewundere dein Werk.

Raumanalyse

Die richtigen Texturen lassen Räume sinnlich wirken. Setze dabei auf kontrastreiche Oberflächen: matt und glänzend, glatt und rau.

Fensterdekoration
Bodenlange Vorhänge lockern die strikten Linien der Fenster auf, ohne ihre Form zu verbergen.

Farbe Vor den gedämpften Farben der Wände heben sich der antike Spiegel und der Beistelltisch gut ab, dennoch bleibt die Gesamtwirkung ruhig.

Textur Ältere Möbel haben von Natur aus schöne Texturen. Eine interessante Kombination verschiedener Stoffe auf Sofas und Sesseln markiert den Sitzbereich und lockert ihn optisch auf.

Licht Glänzend polierte Böden reflektieren das Licht – der Raum wirkt größer.

Bodenbeläge

Schäbige, zerkratzte Fußböden, ramponiertes Linoleum und Zottelteppiche aus den 1960er Jahren gehen gar nicht. Moderne Fußböden sollen sich unter den Füßen wunderbar anfühlen, edel aussehen und ein paar Jahrzehnte halten. Welchen Bodenbelag du brauchst, hängt von deinem Lebensstil, deinem Wunsch nach Behaglichkeit und dem Grad der Beanspruchung ab. Wer viel unterwegs ist, sollte einen pflegeleichten Boden wie Laminat verlegen. Wer gern herumlümmelt, ist mit Teppichen gut beraten, die lässig und zwanglos wirken. Und wer Haustiere oder kleine Kinder hat, ist mit strapazierfähigen Dielen, Fliesen oder Natursteinplatten – die allesamt auch sehr attraktiv aussehen können – gut beraten. Nach diesen Grundüberlegungen ist die Wahl schon wesentlich einfacher, oder?

siehe auch
Farbe S. 70

Kelims in bunten Farben ersetzen hier den Treppenläufer (Seite 140). Sie sind warm und weich und machen mit ihren Farben, Mustern und Texturen aus der gewöhnlichen Treppe etwas ganz Besonderes.

Linoleum mit einem traditionellen Druckmuster sieht attraktiv aus, fühlt sich unter nackten Füßen angenehm an und verträgt Feuchtigkeit – ideal fürs Bad. Die über 50 Jahre entwickelte Patina gibt dem Material umso mehr Charakter.

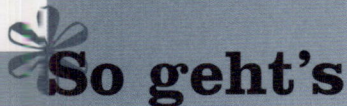

So geht's

Einen Treppenläufer »stückeln«

Auf der Treppe kann man es nie zu bunt treiben. Dieser absolut individuelle Läufer fühlt sich unter den Füßen warm und weich an. Und da er aus gebrauchten Materialien besteht, kostet er nicht einmal viel.

Das brauchst du:

verschiedene kleine Teppiche
Roll-Maßband
Schere
Handtacker und Klammern

1 Miss zuerst die Breite der Treppe. Schneide dann die Teppiche auf etwa 75 Prozent dieser Breite zu.

2 Beginne am oberen Ende der Treppe. Lege die ersten 10 cm des Teppichs auf den Treppenabsatz und befestige ihn entlang der Kante in Abständen von 5 cm mit dem Tacker.

3 Lege den Teppich straff über die Kante auf die oberste Stufe. Schlage Schnittkanten möglichst ein, damit sie nicht ausfransen. Tackere den Teppich auf beiden Seiten in Abständen von 10 cm fest.

4 Wiederhole dies auf den nächsten Stufen, bis das Ende des Teppichs fast erreicht ist. Schneide den Teppich so ab, dass er genau im Ansatz einer Stufe endet. Lege den nächsten Teppich sauber an und tackere ihn ebenfalls fest. So kannst du fortfahren, bis das untere Ende der Treppe erreicht ist.

5 Schneide den letzten Teppich am Ansatz der untersten Stufe ab und tackere die Kante in Abständen von 5 cm fest.

TIPP: Ein Handtacker im Werkzeug-kasten ist sehr praktisch: Mit ihm lassen sich diverse Arbeiten einfach, fix und sicher verrichten.

1

Bodenbeläge

Teppiche, Fliesen und mehr

Da der Fußboden die größte Fläche der Wohnung einnimmt, hat der Bodenbelag großen Einfluss auf die gesamte Raumwirkung. Die Auswahl an Bodenbelägen ist immens, daher solltest du deine Entscheidung stark davon abhängig machen, wie du Raum und Boden nutzen möchtest – dabei darf der Wohlfühlfaktor aber natürlich nicht aus den Augen verloren werden. Auch Kosten spielen angesichts der vielen Quadratmeter eine Rolle. Aber wenn der Bodenbelag stimmt, kannst du in den Raum stellen, was du willst, und es wird fantastisch aussehen.

Holzdielen sind schlicht, wirken aber warm und sinnlich ansprechend. Klar oder farbig lackiert reflektieren sie das Licht auf alle anderen Einrichtungsgegenstände im Raum. Dielen sind zeitlos, klassisch und strapazierfähig: Gebrauchsspuren geben ihnen nur umso mehr Charakter.

Laminat sieht aus wie Hartholzboden, ist aber preiswerter und leichter zu pflegen. Es eignet sich besonders für strapazierte Bereiche wie Flure, da es sehr unempfindlich gegen Kratzer ist – und sogar gegen Glut.

Vinyl und Linoleum sind preiswert und in vielen Farben und Dekoren von der Rolle oder in Plattenform zu haben. Sie sind einfach zu verlegen und zu erneuern, nehmen Schmutz und Feuchtigkeit nicht übel und halten sehr lange.

Gummi ist längst nicht mehr nur öffentlichen Gebäuden vorbehalten. Es gibt diese Beläge heute in vielen modernen Farben. Gummi eignet sich für Kinderzimmer und Fitnessräume, braucht kaum Pflege und behält Glanz und Farbe viele Jahre lang.

Teppiche und Läufer machen harte Böden weicher, dämpfen Geräusche und lassen Räume ausgewogen wirken. Wenn möglich, solltest du dir Wolle leisten, die viel länger hält als alles Synthetische und außerdem mit dem Alter schöner wird. Teppichfliesen sind praktisch, weil man sie bei Bedarf einzeln ersetzen kann. Geschickt platzierte Läufer können einen großen Raum gliedern oder abgenutzte Stellen im Fußboden verdecken.

Fliesen sind wasserfest und leicht zu reinigen, ideal also für Küche und Bad. Ob winziges Mosaik oder große Platten, ob aus versiegeltem Zement, Feinsteinzeug, Keramik oder Glas: Sie steuern Farbe und – durch das Verlegemuster – ein grafisches Element bei.

Naturstein wie Marmor, Schiefer oder Granit ist ungemein durabel und schindet Eindruck, hat aber einen stattlichen Preis und sollte unbedingt vom Fachmann verlegt werden. Weil Stein sich kalt anfühlt, ist eine Fußbodenheizung empfehlenswert – aber auch die ist nicht gerade preiswert.

Ein moderner Sisalteppich auf dem klar lackierten Holzboden ist robust und behaglich. Darauf liegt ein kleinerer Teppich mit einem lebhaften Muster, der weitere Texturen ins Spiel bringt und den Raum ausgewogen und lebendig wirken lässt.

siehe auch:
Planung S. 20
Farbe S. 105

Licht

Lass Licht herein

Ein ganz wichtiger Faktor bei der Raumgestaltung ist das richtige Gleichgewicht zwischen Tageslicht und Kunstlicht – sowohl in praktischer als
auch in ästhetischer Hinsicht. Trotzdem wird gerade die Beleuchtung
viel zu oft vernachlässigt. Zunächst solltest du bei der Raumplanung
das Tageslicht berücksichtigen. Die Fensterdekoration sollte möglichst
wenig Tageslicht ausblenden, nur extrem starke Sonneneinstrahlung
muss vielleicht zu bestimmten Tageszeiten gedämpft werden (Seite 151).
Zusätzlich sind in jedem Raum drei Beleuchtungsarten nötig: Hintergrundlicht leuchtet den Raum aus; Funktionslicht wird zum Arbeiten,
Lesen oder Kochen benötigt; als Akzentlicht dienen entweder dekorative Leuchten oder solche, die interessante Raumdetails anstrahlen.
Kombiniere Hänge-, Steh- und Tischleuchten, versenkte Strahler in
Decke oder Ecken und denke an all die interessanten Effekte, die mit
Kerzen, Teelichtern und Lichterketten möglich sind.

*Riesige »Korbflaschen«
dienen hier als Akzentlicht
und verstrahlen ein sanftes,
diffuses Leuchten. Gerade
durch das Spiel mit den
Proportionen – nicht zuletzt
durch den Kontrast zu
den kleinen Objekten am
Kamin – wirken sie so
eindrucksvoll.*

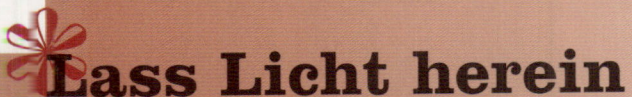

Lass Licht herein

Akzentlicht

Akzentlicht sollte etwa dreimal so hell sein wie das Hintergrundlicht, sein Schein aber räumlich klar begrenzt. Nur so leistet es, unabhängig vom Stil der Leuchte, einen erfolgreichen Beitrag zur Gesamtbeleuchtung. Ideal ist ein Akzentlicht, das zum Hinschauen auffordert und gleichzeitig Atmosphäre schafft. Wähle ruhig mutig, vielleicht einen opulent glitzernden Kronleuchter, überdimensionale Boden- oder elegante Tischleuchten in ausgefallenen Farben wie Freesiengelb oder Pfingstrosenrot. Dimmer sind eine gute Investition, weil man mit ihnen die Lichtstimmung jederzeit nach Bedarf und Laune verändern kann – mal schummrig und sanft, mal klar und hell.

Eine Vielzahl von Leuchten bildet kleine, interessante und gemütliche Lichtinseln. Sie ähneln einander in Größe und Helligkeit, sodass sie gemeinsam für eine ausgewogene Beleuchtung des Raums sorgen. Weder Gardinen noch Möbel reduzieren das Tageslicht, das durch die Terrassentür fällt.

Lass Licht herein
Tageslicht filtern

Fensterdekorationen – ja oder nein? Die Frage ist leicht zu beantworten. Wenn du eine schöne Aussicht hast und niemand von außen durch deine Fenster sehen kann, gibt es keinen Grund, die Fenster zu verhängen. Auch dekorative Fensterrahmen braucht man nicht hinter Stoff zu verstecken. Hauchzarte Stoffe wie Voile oder Musselin filtern das Licht, aber die Aussicht bleibt weitgehend erhalten (Seite 166). Wenn du andererseits neugierige Nachbarn hast, die Aufheizung der Räume durch grelle Südsonne verhindern oder den Raum zum Schlafen verdunkeln willst, benötigst du Vorhänge, Rollos (Seite 168) oder Fensterläden (Seite 171). In jedem Fall solltest du die Fensterdekoration auf die übrige Raumeinrichtung abstimmen, sozusagen als i-Tüpfelchen.

Das Rollo aus dünnem Stoff verhindert Einblicke und streut das Sonnenlicht. Es wirkt lässig, korrespondiert mit den klaren Linien der sonstigen Einrichtung und steuert durch das zarte Muster ein willkommenes Dekorelement bei.

Raumanalyse

Ungewöhnliche »Lichtskulpturen« und Reflexionen sorgen für Spannung, ohne dass die einzelnen Elemente sich gegenseitig ausspielen.

Fensterdekoration Der Metallparavent schützt als ungewöhnliche Alternative zum Rollo vor Einblicken und filtert das Licht. Vorhänge würden in diesem sachlichen Raum unstimmig wirken.

Beleuchtung Verschiedene Leuchten, asymmetrisch im Raum verteilt, erzeugen einen spannenden Rhythmus aus Licht und Schatten.

Planung Sitzgelegenheiten um den niedrigen Tisch herum laden zum Plaudern ein.

Textur Glänzend gestrichene Dielen, der Glastisch und der Metallparavent reflektieren das Licht und bieten dem Auge reizvolle Anblicke.

Lichteffekte

Wer eine lebendige Raumatmosphäre schaffen will, sollte auf Licht und Reflexion setzen. Reflektierende Flächen, etwa glänzende Fußböden oder spiegelnde Tische, lassen das Licht leicht und locker durch den Raum tanzen. Außerdem beeinflussen sie die Raumwahrnehmung: Tische mit Glasplatte scheinen über dem Boden zu schweben, Hochglanz- und Metallmöbel lassen Räume größer wirken. Leuchten aus reflektierenden Materialien beleben düstere Ecken durch ihren Schein. Experimentiere einmal mit psychedelischen Goldschnörkeln, verspiegeltem Glas oder glänzendem Stahl. Übergroße Leuchten können originell sein, wenn das Gleichgewicht stimmt. Am besten stellt man ihnen diskrete Wand- oder zierliche Bodenleuchten gegenüber und achtet darauf, dass alle einen gemeinsamen Nenner haben, etwa die Form oder das Material. Dann erstrahlt der Raum im besten Licht.

Glänzende, reflektierende Oberflächen schaffen in diesem Esszimmer Kontraste und Bereiche intensiven Lichts. Wände und Decke sind dunkel, wirken aber durch den Glanz der ungewöhnlichen Möbel und die übergroße Leuchte kein bisschen düster.

Lichteffekte
Leuchten

In einem Leuchten-Fachgeschäft steht man vor einem breiten Angebot von Tisch-, Steh- und Hängeleuchten sowie Einbaumodellen. Da kann man schon Mühe haben, sich zurechtzufinden! Aber eigentlich ist es gar nicht so schwierig, die richtigen Leuchten für die Wohnung auszusuchen, wenn man erst einmal weiß, welches Licht sie geben. Da auch die Schirme und Glühlampen (Seite 158) die Intensität und Richtung des Lichts beeinflussen, kannst du hemmungslos experimentieren.

Die Mischung aus verschiedensten Leuchten bringt Leben in dieses Wohnzimmer. Stehleuchten, Hängeleuchte und Riesenkandelaber: Dank der ähnlichen Schirme aus gemusterter Seide passen sie perfekt zusammen.

Hängeleuchten werden oft mitten an der Zimmerdecke angebracht. Sie werfen gleichmäßiges, nicht nuanciertes Licht und erzeugen harte Schatten, darum müssen sie unbedingt mit anderen Leuchten kombiniert werden. Mit einer wattstarken Glühlampe verwandelt so eine Hängeleuchte dein Wohnzimmer schneller in eine Verhörzelle, als du »Genfer Konvention« sagen kannst – Grund genug für einen Dimmer, mit dem sich das Licht regulieren lässt. Trotzdem können solche Leuchten ein wertvolles Element des Beleuchtungskonzepts sein, zumal es sie in großer Vielfalt gibt: von prachtvoll glitzernden Kronleuchtern bis zu schlichten Papierlampions.

Wandleuchten werfen einen sanften Schein auf die Wände und eignen sich gut als Hintergrundbeleuchtung für das Wohnzimmer. Im Flur sind sie praktisch, weil sie keine Bodenfläche einnehmen.

Fluter strahlen an die Decke, was schön aussieht, wenn die Decke hell gestrichen ist. Die Leuchten sind meist schlank und hoch, nehmen wenig Bodenfläche ein und können bequem hinter größeren Möbeln oder in einer Ecke stehen.

Einbaustrahler werden normalerweise in die Decke eingelassen und strahlen direkt nach unten. Sie sind praktisch über Küchenarbeitsflächen und im Bad, sollten aber mit anderen Lichtquellen kombiniert werden, wenn man eine Ladenatmosphäre vermeiden möchte.

Steh- und Tischleuchten dürfen großzügig eingesetzt werden, vor allem, wenn keine Deckenleuchten vorhanden sind. Stehleuchten gibt es in vielen traditionellen und modernen Variationen. Tischleuchten sollten in der Größe zu ihrem Stellplatz passen, sonst sehen sie schnell überladen aus. Größere Tischleuchten kann man auch auf den Boden stellen.

Scherengelenk-Leuchten haben einen schweren Fuß und sind in alle Richtungen beweglich. Sehr praktisch als Funktionslicht, z. B. am Schreibtisch oder am Bett.

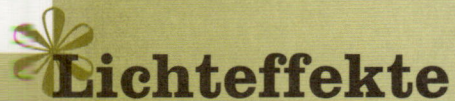

Lichteffekte

Glühlampen

Auch bei der Wahl der Leuchtmittel solltest du berücksichtigen, was genau sie leisten sollen. Durch eine wohl überlegte Kombination verschiedener Glühlampen in unterschiedlichen Leuchten entsteht in deinem Raum ein anpassungsfähiges Beleuchtungskonzept. Halogenlampen geben klares, weißes Licht, gut zum Arbeiten in der Küche. Der gelblich-warme Schein konventioneller Wolfram-Glühlampen ist ein schmeichelhaftes Hintergrundlicht im Wohnzimmer. Überschreite nie die auf der Leuchte angegebene Wattzahl, aber verwende die höchstzulässige und reguliere die Helligkeit mit einem Dimmer.

Wolfram-Glühlampen waren jahrzehntelang das gängigste Leuchtmittel, brauchen aber viel Energie und sollen nun abgeschafft werden. Ihr Licht ist gelblich und warm, stimmungsvoll und intim, weil sie warme Farben verstärken und kühle dämpfen. Wolfram-Glühlampen werden mit Netzstrom betrieben, brauchen also keinen Transformator. Sie sind billig, halten aber nicht sehr lange. Es gibt sie mit klarem, mattem und farbigem Glas. Klare Glühlampen erzeugen recht harte Schatten.

Halogenlampen erzeugen ein klareres, weißeres Licht, da ihre Betriebstemperatur höher ist. Sie sind vorteilhaft für Arbeitsbereiche wie Küche und Schreibtisch. Neben Hochvolt-Halogenlampen zum Betrieb an Netzstrom gibt es auch Niedervolt-Lampen, für die ein Transformator nötig ist. Ein Vorteil des klaren Halogenlichts ist, dass es Farben nicht verfremdet. Die Leuchtmittel sind klein und eignen sich gut für Fluter und Einbaustrahler.

Leuchtstoffröhren wurden früher mit Fabrikhallen und Großraumbüros assoziiert, aber diese Zeiten sind vorbei. Heute gibt es hunderte von Typen für die verschiedensten Zwecke und alle sind sehr sparsam im Energieverbrauch. Weil sie sich kaum erhitzen, können sie auch auf engem Raum betrieben werden. Leuchtstoffröhren unter Küchenhängeschränken sind praktisch zum Beleuchten der Arbeitsfläche.

Energiesparlampen sind streng genommen zusammengeknäulte Leuchtstoffröhren. Sie verbrauchen wenig Strom und halten wesentlich länger als Wolfram-Glühlampen. Viele verschiedene Modelle und Formen werden angeboten, aber nicht alle sind dimmbar..

Die große Deko-Glühbirne räumt auf mit der überkommenen Meinung, dass nackte Glühlampen hässliches Licht werfen. Ihr sanfter Schein macht diese »abgespeckte« Stehleuchte zu einem ebenso ästhetischen wie witzigen Designobjekt.

siehe auch:
Farbe S. 96

So geht's

Eine Leuchte spritzlackieren

Mit dieser simplen Technik machst du aus einer alten Stehleuchte ein unkonventionelles, verspieltes Lichtobjekt – schnell und ohne großen Aufwand.

Das brauchst du:

alte Stehleuchte
  (oder anderes Fund-
  stück vom Flohmarkt)
Pappkarton oder
  Abdeckplane zum
  Unterlegen
Cutter
Schleifpaper
Anlauger
Schwamm
fusselfreier Lappen
Waschbenzin
Schutzkleidung,
Schutzbrille und
  Atemschutz
elektrische Farbspritz-
  pistole
Verlängerungskabel
Buntlack

{ **TIPP:** Mit einer elektrischen Spritzpistole geht es leicht und der Farbauftrag wird gleichmäßig. }

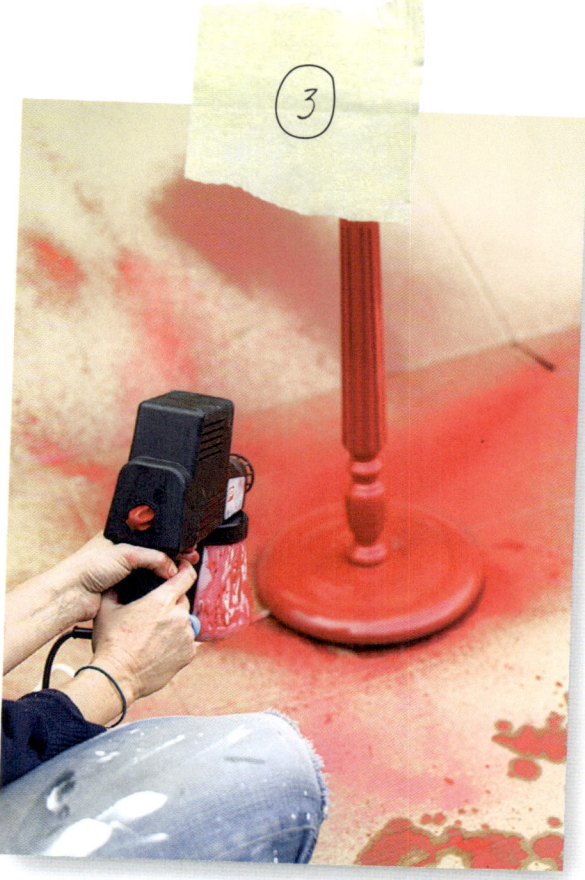

1 Das Spritzen ist eine schmutzige Arbeit. Um den Sprühnebel nicht einzuatmen, arbeite am besten im Freien mit reichlich Abstand zu Autos und Gartenmöbeln und decke die direkte Umgebung mit Pappe oder Plane ab. Baue einen großen Karton wie eine Garage um das Objekt auf, so kannst du besonders gezielt spritzen und das anschließende Saubermachen ist einfacher.

2 Entferne mit einem Cutter den Stoff von dem Lampenschirm (oder dem anderen Objekt). Eine vorhandene Lackierung solltest du leicht anschleifen und mit Anlauger abwaschen. Feuchte einen Lappen mit Waschbenzin an und wische das Objekt damit ab (Seite 184).

3 Zieh dir Schutzkleidung an oder etwas, das schmutzig werden kann (Seite 180), und setze Schutzbrille und Mundschutz auf. Fülle die Spritzpistole mit Farbe. In der Gebrauchsanweisung des Gerätes steht, wie du die Farbe verdünnen musst.

4 Halte die Spritzpistole rechtwinklig zur Objektoberfläche und bewege sie gleichmäßig hin und her, auf und ab, ohne abzusetzen. Nicht schräg halten, sonst wird die Farbe ungleichmäßig verteilt. Übe das Spritzen ruhig vorher einmal. Achte auf ausreichenden Abstand, damit der Farbauftrag dünn und gleichmäßig wird und keine Laufnasen entstehen.

5 Die erste Schicht wird wahrscheinlich nicht perfekt aussehen. Damit die Farbe gleichmäßig deckt, sind mindestens zwei Schichten notwendig. Lasse zwischendurch die Farbe trocknen (Trockendauer gemäß Aufschrift auf der Dose). Nicht vergessen: Nach der Arbeit das Werkzeug gründlich säubern.

Lichteffekte

Stimmungswechsel

Der Grat zwischen hellem und grellem Licht ist schmal. Ein Schalter und eine einsame Leuchte an der Zimmerdecke ist einfach nicht genug. Viel besser ist es, den Raum in stimmungsvolles Licht zu tauchen und einige Akzentleuchten einzusetzen. Selbst am Tag sind Schatten als Kontrast wichtig. Versuche verschiedene Leuchten (Seite 157) zu kombinieren, um Farben und Design ins beste Licht zu rücken. Im Idealfall sollte es möglich sein, auf Schalterdruck eine helle Wohnung in ein stimmungsvoll-schummriges Ambiente zu verwandeln. Dazu ist es hilfreich, Leuchten in verschiedenen Höhen anzubringen. Konventionelle Glühlampen (Seite 158) und gedimmte Lampen geben ein gelbliches Licht ab, das eine intime Abendstimmung schafft. Noch sanfter und schmeichelhafter – geradezu verführerisch – ist das Licht von Kerzen.

Die wohl überlegte Beleuchtung macht das Schlafzimmer gemütlich, ruhig und sinnlich: Der sanfte Lichtschein auf Wänden und Decke erzeugt eine schummerige Atmosphäre, die trotzdem nicht düster wirkt. Die dekorative Leuchte malt eine intime Lichtinsel und ist ein dezenter Blickfang.

Raumanalyse

Die ideale Beleuchtung für einen geselligen Abend: Schattige Ecken und Lichtinseln stehen in einem ausgewogenen Verhältnis.

Glamour Die Lichterkette an dem großen Bild ist ein Blickfang und ein originelles Element des Beleuchtungskonzepts.

Farbe Die dunklen Farben und die niedrigen Leuchten ziehen die Decke optisch herab und lassen den Raum intimer wirken.

Licht Die Lichtquellen sind in unterschiedlichem Maß gedimmt und wirken wie Tupfer in verschiedenen Farben und Lichtintensitäten. Flackerndes Kerzenlicht ist lebendig und stimmungsvoll.

Stil Möbel und Leuchten vertragen sich gut miteinander: Der Raum wirkt lässig und einladend.

Fensterdekorationen
Vorhänge und Gardinen

Für Vorhänge kann man fast alle Stoffe verwenden, stimme darum die Fensterdekoration auf die Funktion des Raums ab. Duftiger Voile lässt Licht durch und bietet Sichtschutz, schwerere Stoffe isolieren und verdunkeln. Wer spannende Kontraste mag, kann schweren Samt mit schimmerndem Taft oder bodenständiges Naturleinen mit farbiger Seide kombinieren. Auch die Länge eines Vorhangs beeinflusst seine Wirkung: Kurz ist lässig wie Shorts, lang hingegen edel und elegant wie ein Abendkleid. Für die Verarbeitung der Oberkante gibt es verschiedene Möglichkeiten (einige sind unten aufgeführt) und auch bei der Auswahl von Stange oder Schiene solltest du dich am Gesamtstil von Raum und Vorhang orientieren.

Bleistiftfalten sind einzelne Falten in gleichen Abständen entlang der Oberkante. Sie sehen tatsächlich aus wie eine Reihe Bleistifte und eignen sich am besten für leichte Stoffe.

Dreifachfalten sind Gruppen von je drei Falten mit kleiner Abständen dazwischen. Sie empfehlen sich für schwere, bodenlange Vorhänge, weil sie dem Stoff einen schönen Fall geben.

Kräuselband legt den Stoff nicht in gleichmäßige Falten, sondern kräuselt ihn auf. Hübsch für kurze, leichte Vorhänge aus Faro- und Streifenstoffen, weil das Muster oben kompakter wirkt.

Kelchfalten sind die klassische Verarbeitung für groß gemusterte Stoffe. Es sind steife, zylindrische Drei- oder Vierfachfalten, die mit einem Einlagematerial versteift werden.

Schlaufen aus dem Vorhangstoff oder einem kontrastfarbigen Material muss man über eine Stange ziehen. Sie eignen sich für schwere, schlichte Stoffe, die nur wenige, aber tiefe Falten werfen sollen.

Metallösen, die in den Stoff eingeschlagen werden, passen zum modernen Industriestil und können auf Stangen oder Spanndrähte gezogen werden. Ideal für dickere Materialien wie Leder oder Wildleder, die nicht weich fallen.

Schienen gibt es in vielen Varianten von simplem Plastik bis zu edlem Metall. Für Erker und andere Fenster in ungewöhnlichen Formen sind Aluminiumschienen, die sich biegen lassen, die beste Wahl.

Stangen sind in verschiedenen Stärken und aus zahlreichen Materialien von Messing bis Bambus erhältlich. Spanndrähte sehen leichter und unauffälliger aus. Bei den Endstücken der Stangen kann man zwischen dezenten und auffälligen, traditionellen und modernen Typen wählen.

Die zarten Gardinen betonen die Fensterform, statt von ihr abzulenken. Durch die einfache Aufhängung wirken sie romantisch, aber nicht übermäßig verspielt. Die durchscheinende Spitze streut das Sonnenlicht.

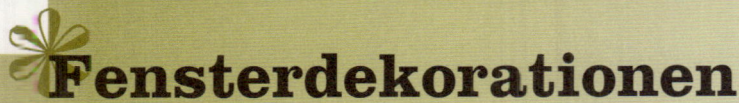

Fensterdekorationen
Rollos und Jalousien

Rollo, Faltrollo oder Jalousie? Holz oder Metall? Schwere Frage, aber eigentlich leicht zu beantworten. Was immer du wählst sollte mit der restlichen Raumgestaltung harmonieren. Wer Fensterdekorationen nicht als Ausgangspunkt betrachtet, sondern als i-Tüpfelchen, liegt schon richtig. Und wer mit dem Einrichten noch nicht fertig ist, kann eine ganz schlichte Lösung wählen, vielleicht ein weißes Rollo, und später etwas Dekoratives hinzufügen.

Rollos sind preiswert, praktisch und schlicht. Weil man sie auf jede Größe zuschneiden kann, passen sie auch an kleinste Fenster. Und weil sie nach dem Hochziehen fast unsichtbar sind, bieten sie sich für Fenster mit schöner Aussicht an. Wenn Sichtschutz nicht nötig ist, kannst du ein dünnes Gewebe wie Musselin oder Voile wählen, das Licht sanft filtert. Und wer es verspielt mag, verziert sein Rollo kurzerhand mit Pompons, Fransen, Quasten oder Perlen.

Faltrollos hängen glatt, wenn sie geschlossen sind, und legen sich beim Hochziehen in waagerechte Falten. Sie empfehlen sich, wenn eine schmuckvolle Fensterdekoration gewünscht ist, aber der Platz nicht für Vorhänge ausreicht. Ein Faltrollo mit einem aufregenden Muster kann wie ein Gemälde wirken und den Raum sozusagen »auf Schnurzug« aufwerten.

Jalousien sind günstig, um den Lichteinfall zu regulieren, weil sich ihre waagerechten Lamellen verstellen lassen. Ganz geschlossen schützen sie Möbel und Textilien vor direktem Sonnenlicht, schräg gestellt lassen sie mehr Licht ein, bieten aber Sichtschutz. Und zieht man sie hoch, kann man die Aussicht genießen. Sie sind preiswert und passen mit ihrem sachlichen, strukturierten Aussehen gut in moderne Wohnungen. Kombiniert man sie mit Vorhängen, entsteht ein Lagen-Look mit wieder ganz neuer Wirkung. Jalousien gibt es in verschiedenen Materialien und Farben. Wer es auffällig mag, könnte Goldglanz oder Neonpink wählen.

Senkrechtjalousien mit vertikal aufgehängten Lamellen lassen sich ähnlich einstellen wie waagerechte Jalousien. Sie eignen sich vor allem für ungewöhnlich geformte Fenster, z. B. Rundbogen- oder Erkerfenster. Verschiedene Stile und Materialien sind erhältlich. PVC-Lamellen können auch in Feuchträumen verwendet werden.

Schlichte, preiswerte Rollos sind eine gute Wahl für solche kleinen Nischen. Sie wirken freundlich, lassen Licht durch, versperren aber neugierigen Nachbarn die Sicht. Als witziges Detail wurde hier ein Rollo falsch herum aufgehängt. So kann selbst eine supereinfache Fensterdekoration originell und modern aussehen.

siehe auch:
Textur S. 125

TIPP: Stylishe Objekte wie dieser Leuchter werden alle Blicke auf sich ziehen – garantiert!

Fensterdekorationen
Fensterläden

Fensterläden sind Klassiker mit einer ausgeprägten grafischen Präsenz. Sie wirken geschlossen dezenter als Vorhänge und klappt man sie auf, sind Form und Rahmen des Fensters sowie der Ausblick zu sehen. Weil sie nach Maß gefertigt werden müssen, haben sie ihren Preis, aber wie hochwertige Möbel halten sie auch sehr lange. Wegen ihrer Vielseitigkeit eignen sich Läden für kleine Fenster ebenso wie für große. Sie sind keine Staubfänger, was Allergiker zu schätzen wissen, und brauchen wenig Pflege. Obendrein wirken sie isolierend und sehen edel aus.

Lamellen-Fensterläden gibt es mit festen und verstellbaren Lamellen bis zu 5 cm Breite. Sie eignen sich für Fenster fast aller Formate und können in verschiedenen Ausführungen gefertigt werden: extralang (für Terrassentüren), unterteilt (obere und untere Hälfte separat zu öffnen) und halbhoch (verdecken nur die untere Hälfte des Fensters). So kann jeder selbst entscheiden, wie viel Licht und Sichtschutz er braucht. Holzfensterläden kann man passend zur Wandfarbe streichen oder lasieren. Sie empfehlen sich vor allem für Schlafzimmer und Bad, wo guter Sichtschutz wichtig ist. Bei manchen Typen lassen sich die Lamellen so einstellen, dass man heraus-, aber nicht hereinschauen kann.

Fensterläden im Kolonialstil sehen ähnlich aus, haben aber breitere Lamellen und sind wegen ihres rustikalen Aussehens zurzeit in Mode. Die Lamellen aus Holz sind mindestens 5 cm breit.

Massive Fensterläden bieten maximalen Sichtschutz und wirken, wenn sie geschlossen sind, wie eine Wand. In alten Häusern waren sie meist auf den Stil der Fensterrahmen abgestimmt. Wenn die Original-Fensterläden nicht mehr vorhanden sind, kannst du bei Händlern für historische Baumaterialien passende Läden kaufen und auf das Format deiner Fenster zuschneiden lassen. Wer es moderner mag, kann sie auch selbst bauen – und hat dabei in Bezug auf Stil und Material viel Entscheidungsfreiheit (Seite 172).

Fensterläden aus Acryl sind eine interessante Alternative zu traditionellen Läden. Sie können auch an alten Fenstern reizvoll aussehen. Die milchigen Scheiben lassen gefiltertes Licht durch und schützen vor unerwünschten Einblicken.

So geht's

Fensterläden aus Acryl bauen

Weg mit Tüll und Spitze, her mit coolem Acryl! Das moderne Material sorgt für zuverlässigen Sichtschutz, lässt aber Licht durch und sieht ausgesprochen gut aus.

Das brauchst du:

Acryl
acht Scharniere
Bleistift
Bohrmaschine und Bohrer
Gewindeschrauben und
  Muttern
Schrauben
Schraubenzieher

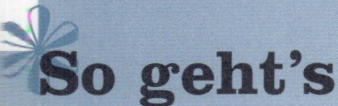

1 Lasse dir im Baumarkt oder beim Fachhändler eine Platte Acryl in den Abmessungen von Fenster und Rahmen zuschneiden. Dann lasse dir diese Platte senkrecht in vier Teile schneiden, um einzelne Paneele gleicher Größe zu erhalten.

2 Lege eines dieser Acryl-Paneele auf den Boden und lege die Scharniere oben und unten seitlich an. Notiere den Abstand und markiere die Punkte für die Bohrungen mit Bleistift. Wiederhole dasselbe bei einem weiteren Paneel. Diese beiden Teile werden später am Fensterrahmen montiert. Lege die beiden inneren Paneele an die äußeren und zeichne an einer Seite die Löcher an.

3 Bohre die Löcher für die Scharniere in die Acrylplatten (Seite 181), lege dabei einen Holzrest unter, um den Fußboden zu schützen. Empfindliche Materialien wie Acryl solltest du zuerst mit einem dünnen Bohrer bei geringer Drehzahl vorbohren, um dann mit einem größeren Bohrer nachzuarbeiten.

4 Bringe an einer Seite der äußeren Paneele die Scharniere mit Gewindeschrauben und Muttern so an, dass die Scharniere zum Raum zeigen. Halte die Paneele am Fensterrahmen an, zeichne mit Bleistift an und bohre die Löcher für die Scharniere vor. Dann schraube die Paneele am Fensterrahmen fest (Seite 181).

5 Befestige die inneren Paneele an den äußeren: Hier zeigen die Scharniere zum Glas. Jetzt hast du an jeder Seite des Rahmens zwei Paneele, die sich zusammenfalten lassen. Wenn du möchtest, kannst du das Acryl bemalen oder

TIPP: Für sehr hohe Fenster solltest du dickeres Acryl und zusätzliche Scharniere verwenden.

mit Schablonen verzieren. Solche Fensterläden kannst du auch aus anderen Materialien (Holz, Vinyl, PVC) bauen. Eventuell brauchst du dann kräftigere Scharniere.

Basics

Wichtiges Werkzeug

Damit dir das Heimwerken leicht von der Hand geht, solltest du einen gut sortierten Werkzeugkasten besitzen. Viel muss es aber gar nicht sein, lass dich nicht von dem professionellen 100-Teile-Set verführen: Du wirst nicht einmal die Hälfte davon je benutzen. Eine Grundausstattung ist preiswert in jedem Baumarkt zu haben und kann, wenn du später einmal speziellere Arbeiten anpacken willst, jederzeit aufgestockt werden. Sinnvoll ist auf jeden Fall die Anschaffung eines Werkzeugkastens mit Deckel, in dem die wichtigsten Utensilien geordnet und geschützt verwahrt werden. Große Teile wie Tapeziertisch, Trittleiter und Spritzpistole brauchen einen eigenen Platz. Schleifpapier, Malerkrepp, Lappen und ähnliches Kleinzeug verstaust du am besten in einem Schrank oder Regal, damit der Werkzeugkasten nicht zu voll wird.

Werkzeugkasten Ein stabiler Kasten mit Deckel hält Ordnung und das Werkzeug bleibt sauber. Griffbereit aufbewahren!

Bohrmaschine Ideal ist ein Akkugerät, das schnurlos arbeitet und mit entsprechenden Bits auch zum Schrauben dient. Für Mauerwerk brauchst du eine Schlagbohrmaschine.

Hammer Zum Einschlagen von Nägeln und Wanddübeln, auch zum Zusammenklopfen von Täfelbrettern. Mit dem gegabelten Ende eines Zimmermannshammers kann man auch Nägel entfernen.

Schraubenzieher Lege dir mehrere Schraubenzieher für Schlitz- und Kreuzschlitzschrauben in verschiedenen Größen zu.

Schrauben, Nägel und Dübel Sinnvoll ist ein Sortiment verschiedener Größen. Lies auf der Packung nach, welche Größe für welchen Zweck geeignet ist.

Zange Es gibt diverse Spezialzangen. Für den Anfang genügt eine Kombizange, mit der man kleine Gegenstände halten und Drähte (auch Kabel) durchkneifen kann. Praktisch ist auch eine stabile Flachzange mit langen Backen.

Spachtel Unerlässlich zum Ablösen von Tapete und zum Füllen von Rissen und Löchern.

Cutter Zum Anreißen, Ritzen und zum Schneiden von Tapete. Praktisch ist ein Modell mit Wechselklinge.

Roll-Maßband Unerlässlich für die meisten Heimwerker-Arbeiten.

Wasserwaage Wichtig für alles, was exakt waagerecht oder senkrecht sein soll, z. B. Regale oder Tapetenbahnen.

Lotschnur Das einfachste Hilfsmittel zum Anzeichnen senkrechter Linien, z.B. beim Tapezieren.

Atemschutzmaske Verhindert, dass du beim Schleifen oder Spritzen Staub oder Farbdämpfe einatmest.

Schutzbrille Schützt die Augen beim Schleifen und Spritzen. Wichtig auch bei Arbeiten, bei denen Späne oder andere Kleinteile fliegen können.

Werkzeug auf einen Blick

Bewahre dein Werkzeug in einem stabilen Kasten immer griffbereit auf – man kann nie wissen, wann man es braucht!

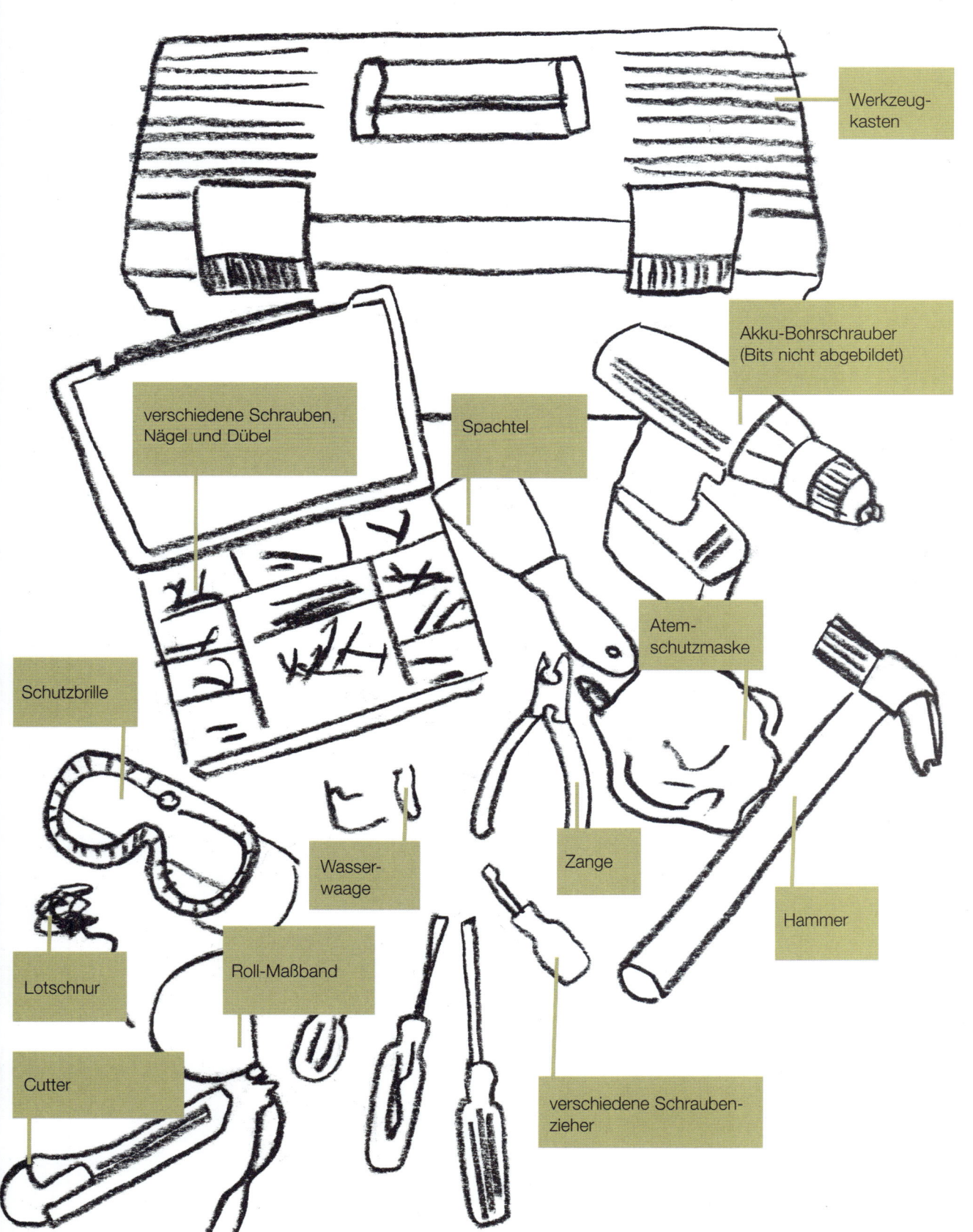

Werkzeug-kasten

Akku-Bohrschrauber (Bits nicht abgebildet)

verschiedene Schrauben, Nägel und Dübel

Spachtel

Atem-schutzmaske

Schutzbrille

Wasser-waage

Zange

Hammer

Lotschnur

Roll-Maßband

Cutter

verschiedene Schrauben-zieher

Tipps und Techniken

Bei vielen Handwerksarbeiten nehmen die Vorbereitungen einen Groß-teil der Zeit in Anspruch – aber das ist notwendig für den reibungslosen Ablauf. Renovierungsarbeiten gehen leichter von der Hand und gelingen besser, wenn du vorher gründlich sauber machst, dich selbst und die Raumumgebung schützt und einige praktische Techniken beherrschst.

Sauber bleiben

Die richtige Kleidung

Manche Renovierungsarbeiten machen Schmutz. Hebe dir am besten einen Satz alter Kleidung auf, damit du dir keine guten Stücke ruinierst. Im Baumarkt bekommt man Overalls zum Überziehen, aber leider meist nur in Elefantengrößen. Ein langärmeliges Oberteil und eine bequeme Hose sind ebenso gut geeignet, nur dürfen die Ärmel und Hosenbeine nicht zu weit sein: Es kann gefährlich sein, damit hängen zu bleiben.

Abdecken mit Planen

Planen, Folien oder notfalls alte Bettwäsche brauchst du, um Möbel und Fußböden vor Staub und Flecken zu schützen. Einfache Malerplanen sind billig und erspa-ren dir viele Stunden Putzarbeit. Fixiere die Planen mit Malerkrepp auf dem Fußboden, damit du nicht über Kanten und Falten stolperst. Dickere Planen kann man mehr-mals benutzen, Farbkleckse müs-sen vor dem Zusammenfalten aber restlos getrocknet sein.

Räume abdichten, in denen geschliffen wird

Beim Abschleifen von Holzböden mit einer Profi-Maschine staubt es entsetzlich. Damit sich der Staub nicht im ganzen Haus verbreitet, solltest du Ritzen von Türen und Fenstern mit Malerkrepp zukleben. Stopfe größere Ritzen mit Zeitungs-papier aus. Wenn du den Raum verlässt, ziehe staubige Kleidung und Schuhe am besten vorher aus oder klopfe sie gründlich ab.

Flecken aufwischen

Flecken solltest du unbedingt so-fort aufwischen, denn wenn sie erst einmal angetrocknet sind, las-sen sie sich schlechter entfernen. Meist genügt warmes Seifenwas-ser. Für Lackfarben verwendest du Waschbenzin oder Universal-verdünner.

Pinsel und Rollen reinigen

Pinsel und Rollen solltest du immer gleich nach der Arbeit reinigen. Streife zuerst überschüssige Farbe mit dem Rührstab oder einer Leiste ab (siehe gegenüber). Wasserlös-liche Farben lassen sich mit Seifen-wasser auswaschen, ziehe dazu die Rolle vom Halter ab. Reinige Pinsel, mit denen lösemittelhaltige Farben verarbeitet wurden, mit Waschbenzin oder Universalver-dünner, aber lasse sie nicht zu lange darin stehen, sonst verfor-men sich die Borsten. Knete die Borsten mit Seifenwasser oder Lösemittel gründlich durch, bis alle Farbe entfernt ist. Dann tro-cken schütteln und mit einem fusselfreien Lappen abtrocknen.

Einfache Techniken

Anzeichnen

Dafür empfiehlt sich ein Zimmer-mannsbleistift, dessen dicke Mine nicht so leicht abbricht. Weil er ab-geflacht ist, kann man ihn drehen, um dicke oder dünne Striche zu ziehen. Außerdem sorgt die abge-flachte Form dafür, dass er nicht wegrollt.

Abkleben

Mit Malerkrepp verhinderst du, dass Lack oder Farbe auf Flächen gelangt, die nicht gestrichen wer-den sollen. Das Klebeband ist in verschiedenen Breiten erhältlich. Lies auf der Verpackung nach, wie lange es auf dem Untergrund bleiben darf. Billiges Band muss oft nach drei oder vier Stunden entfernt werden, weil es sonst Kleberückstände auf dem Untergrund hinterlässt. Klebe das Band direkt von der Rolle akkurat an die Kante der zu schützenden Fläche und drücke es fest an, damit keine Farbe darunterläuft. Ziehe es nach dem Trocknen der Farbe vorsichtig wieder ab. Auch Glasscheiben, z. B. beim Streichen von Fensterrahmen, werden so abgeklebt.

Nägel einschlagen

Es klingt zwar leicht, aber man erwischt doch allzu schnell den Fingernagel … Zeichne zuerst mit dem Zimmermannsbleistift auf der Wand die Position des Nagels an. Halte den Nagel nahe an der Spitze mit zwei Fingern fest und schlage die Spitze behutsam ein. Nach zwei oder drei leichten Schlägen sollte der Nagel fest genug sitzen, dass du ihn loslassen kannst. Dann erst schlägst du kräftiger zu. Lasse den Nagel 1 cm aus der Wand ragen, wenn etwas daran aufgehängt werden soll.

Metall in Wänden finden

Ein Metallsuchgerät ist sehr praktisch, um in Wänden Kabel, Metallrohre (Wasser oder Gas) oder Streben von Leichtbauwänden zu finden. Je nach Modell zeigen die Geräte Metall durch ein Geräusch oder ein Lichtsignal an, wenn man mit der Sensorfläche über die Wand fährt. Metallsuchgeräte sind nicht teuer, aber hilfreich, um beim Na-

geln (siehe oben) oder Bohren (siehe unten) nicht versehentlich Leitungen zu beschädigen, deren Reparatur aufwendig und kostspielig werden kann.

Bohren

Vergewissere dich vor dem Bohren, dass sich keine Kabel oder Rohre im Bereich des Loches befinden (siehe oben). Spanne den richtigen Bohrer für das Wandmaterial ein, siehe eventuell auf der Verpackung der Bohrer nach. Zeichne das Bohrloch auf der Wand mit einem Zimmermannsbleistift an. Schlage zuerst mit Hammer und Nagel eine kleine Vertiefung in die Wand, damit der Bohrer nicht abrutscht. Halte die Bohrmaschine rechtwinklig zur Wand und drücke langsam die Starttaste. Übe gleichmäßigen Druck auf die Wand aus und halte die Bohrmaschine ruhig und nach wie vor rechtwinklig zur Wand, bis die erforderliche Tiefe erreicht ist. Ein Streifen Malerkrepp, um den Bohrer geklebt, ist eine praktische Markierung für die Bohrtiefe: Wenn der Bohrer bis zum Kreppband im Loch verschwunden ist, hältst du an.

Mit der Hand schrauben

In den meisten Fällen musst du zuerst ein Loch bohren (siehe oben). In Wänden halten Schrauben nur in Dübeln. Drücke den Dübel ins Bohrloch und klopfe sanft mit dem Hammer darauf, bis er bündig mit der Wand abschließt. Dann halte die Schraube mit einer Hand fest, setze mit der anderen Hand den Schraubenzieher an und

drehe die Schraube fest. Halte Schraube und Schraubenzieher dabei rechtwinklig zur Wand. Drehe die Schraube so weit wie möglich ein oder lasse sie, wenn ein Spiegel oder ein schweres Bild aufgehängt werden soll, 1 cm vorstehen.

Farbe umfüllen

Es hat Vorteile, Farbe in ein kleineres Metall- oder Plastikgefäß mit Henkel umzufüllen, statt sie direkt aus der Dose zu verarbeiten. So kannst du Farbe aus mehreren Dosen mischen, damit Farbtonabweichungen nicht auffallen. Während der Arbeit wird die Dose geschlossen und ist geschützt vor Staub und Pinselhaaren. Kleinere, leichte Gefäße sind zudem angenehmer festzuhalten und der Henkel kann an einer Leiter eingehängt werden. Falls das Gefäß umkippt, läuft nur eine kleine Menge Farbe aus. Leere Farbgefäße kann man preiswert im Baumarkt kaufen, andere Henkelgefäße (z. B. von Joghurt) sind aber ebenso geeignet.

Farbe aufrühren

Farbe muss vor der Verarbeitung gründlich umgerührt werden, damit sich die Pigmente gleichmäßig verteilen. Nur dann deckt sie einwandfrei. Farbrührer aus Plastik oder Holz bekommt man im Baumarkt. Manche haben eine gelochte Rührfläche und einen Kamm oder eine Zackenkante zum Abstreifen von Pinseln. Du kannst aber auch einfach einen Leistenrest verwenden, der bis auf den Grund der Farbdose reicht.

Oberflächen-bearbeitung

Tapete ablösen

Das Ablösen alter Tapeten ist eine schmutzige Arbeit. Decke Möbel und Fußboden mit Planen ab (Seite 180) und lege Müllsäcke für die alte Tapete bereit. Tauche einen Schwamm in warmes Wasser und feuchte die Tapete gut an, um den Kleister anzulösen. Schiebe einen Spachtel an einer Naht unter eine Bahn und löse die Tapete mit kurzen, flachen Bewegungen ab – aber achte darauf, nicht den Verputz zu beschädigen. Ritze dicke und beschichtete Tapete zuerst mit einem Cutter vielfach ein, damit Wasser durchdringen kann. Dann befeuchte die Wände mit einer Mischung aus einem Teil Essig und vier Teilen warmem Wasser oder verwende einen gekauften Tapetenablöser. 30 Minuten weichen lassen, dann abschaben.

Alte Farbe abbeizen

Mit Chemie Produkte zum Abbeizen von Farbe kann man in Dosen, Flaschen und Sprühflaschen kaufen. Dickflüssiger Abbeizer aus der Dose wird mit einem alten Pinsel von guter Qualität dick und gleichmäßig in einer Richtung aufgetragen. Entferne nach der vorgeschriebenen Einwirkzeit (auf der Verpackung nachlesen) die Farbe mit einem breiten Spachtel, Stahlwolle oder einem alten Lappen. Hartnäckige Reste nochmals behandeln. Trage beim Abbeizen immer einen Atemschutz und chemikalienfeste Handschuhe.

Mit Hitze Richte eine Heißluftpistole auf die alte Farbe und halte sie ständig in Bewegung, um das Holz nicht zu versengen. (Kleine Hitzeschäden lassen sich mit feinem Schleifpapier beseitigen.) Schabe die Farbe ab, sobald sie Blasen wirft und sich löst. Arbeite mit Heißluft niemals in der Nähe von Glas, da es platzen kann. Trage immer Handschuhe, Schutzbrille und Atemschutzmaske.

Schleifen Das Abschleifen alter Farbe ist mühsam und langwierig, außerdem kann dabei das Holz leicht beschädigt werden. Verwende grobes Papier, weil feines sich zu schnell zusetzt. Trage eine Atemschutzmaske, um keinen Staub einzuatmen. Sauberer wird das Ergebnis mit Abbeizer oder Heißluft.

Fliesen entfernen

Beim Entfernen alter Wand- und Bodenfliesen musst du unbedingt eine Schutzbrille, einen Atemschutz, robuste Handschuhe und ein langärmeliges Oberteil tragen, um keine Verletzungen durch scharfe Bruchkanten und fliegende Splitter zu riskieren. Schlage die Fliesen einzeln ab. Setze dazu einen breiten Meißel an der Hinterkante an und schlage mit dem Hammer darauf. Dann setze den Meißel wie einen Hebel ein, um die Fliese zu lösen. Verwende für fest sitzende Fliesen und große Bodenplatten eine Schlagbohrmaschine mit Meißelvorsatz. Manche Klebstoffe lassen sich mit einer Heißluftpistole entfernen. Wenn Fliesenkleber auf Zementbasis verarbeitet wurde, muss die Wand eventuell neu verputzt werden.

Risse und Löcher spachteln

Risse, Löcher und andere Schäden in Wänden und Holz sollten vor der dekorativen Bearbeitung gespachtelt werden. Für kleine bis mittelgroße Löcher in Holz verwendet man Holzkitt in einem passenden Farbton, für Wände benutzt man Füllspachtel. Beide sind einfach zu verarbeiten und trocknen schnell. Acryl- und Silikon-Dichtmasse wird mit einer Kartuschenpresse aufgetragen. Beide eignen sich für größere Vorhaben. Entferne zunächst loses Material gründlich und drücke dann die Spachtelmasse mit einem breiten Spachtel in den Riss oder das Loch. Wische hervorquellende Masse ab und glätte die Oberfläche mit dem Spachtel. Schleife die Stelle nach dem Trocknen und wasche die Wand mit Anlauger (Seite 184) ab. Tiefe Löcher solltest du in mehreren Schichten füllen und jede gut trocknen lassen.

Holz vorbehandeln

Neues Holz solltest du leicht schleifen, um die Fasern zu glätten, und mit Anlauger abwaschen (Seite 184). Trage auf Äste mit einem Pinsel Harzbinder auf, damit später kein Harz durch die Farbe dringen kann. Streiche es anschließend mit einer Holzgrundierung.

✳ Tipps und Techniken

Wände vorbehandeln

Zum Streichen Tiefgrund stellt sicher, dass der Verputz nicht zu viel Farbe aufsaugt. So haftet die Farbe besser und deckt gut. Streicht man Wände mit Tiefgrund und einer Grundierung, genügt meist ein Endanstrich mit der teuren Dekorfarbe. Die Wand muss sauber und trocken sein. Spachtele Risse und Löcher (Seite 183) und trage den Tiefgrund mit Pinsel oder Rolle auf.

Zum Tapezieren Früher war es üblich, Wände mit verdünntem Tapetenkleister »vorzukleistern«. Heute kann man speziellen Tapeziergrund verwenden. Auf dieser gleichmäßigen Grundierung lässt sich die Tapete leichter in Position schieben, außerdem saugt die Wand weniger Kleister auf. Trage den Tapeziergrund vor dem Tapezieren mit einer Tapezierbürste auf und lasse ihn trocknen (siehe Packungsaufschrift).

Grundierung

Als Grundierung oder Vorstrich bezeichnet man eine dicke Farbe, die unter dem Endanstrich aufgetragen wird. Verwende auf unbehandelten Oberflächen zuerst einen Primer, auf alten Anstrichen genügt eine Grundierung. Besonders wichtig ist das Grundieren, wenn eine dunkle Fläche hell gestrichen werden soll. Verwende dann eine Grundierung im Ton des Endstriches. Trage sie mit Pinsel oder Rolle auf.

Schleifen von Hand

Holz sollte grundsätzlich vor dem Streichen geschliffen werden. Schleifpapier gibt es in verschiedenen Körnungen. Je kleiner die Zahl, desto größer sind die Schleifkörnchen. Meist genügt ein erster Schliff mit mittlerer Körnung (120–150) und ein zweiter mit feiner (180–220). Bei mehrmaligem Anstrich schleift man jede Schicht leicht an, damit die nächste gut haftet. Wasche danach das Holz mit Anlauger ab und entstaube es mit einem fusselfreien Lappen und etwas Waschbenzin (siehe unten).

Oberflächen reinigen

Anlauger Auf allen Flächen im Haus setzt sich fetthaltiger Schmutz ab. Vor Renovierungsarbeiten sollten die Flächen mit Anlauger abgewaschen werden, um diesen Schmutz zu entfernen. Anlauger ist als Fertigprodukt oder als Pulver zum Auflösen erhältlich. Weil er die Haut reizen kann, solltest du bei der Verwendung immer Gummihandschuhe tragen. Reibe den Anlauger mit einem Schwamm kräftig in die Fläche ein, lasse ihn trocknen und wische mit klarem Wasser nach.

Waschbenzin Auch Waschbenzin entfernt Fettschmutz. Wische Flächen nach dem Schleifen immer damit ab (siehe links). Verwende einen fusselfreien Lappen, damit sich keine kleinen Fasern auf der Oberfläche absetzen. Waschbenzin kann auch als Lösemittel für Lackfarben (keine Acrylfarben), zum Reinigen von Pinseln (Seite 180) und zum Entfernen von Flecken benutzt werden.

Messen

Den Farbbedarf berechnen

Der Farbbedarf hängt von der Fläche und dem Typ des Untergrundes ab. Für einen glatten Untergrund braucht man weniger Farbe als für einen stark strukturierten. Um die Fläche in Quadratmetern zu berechnen, multipliziere Länge und Breite der Wand und ziehe davon die Fläche von Fenstern und Türen ab. Lies auf dem Etikett der gewünschten Farbe nach, für wie viele Quadratmeter das Gebinde reicht. Bei einem sehr unebenen Untergrund solltest du diese Angabe halbieren. Denke auch daran, dass eventuell zwei Anstriche nötig sind, damit die Farbe gut deckt.

Den Tapetenbedarf kalkulieren

Um zu berechnen, wie viele Tapetenrollen du brauchst, miss zuerst den Umfang des Raums ab. Dividiere diese Zahl durch die Breite der Tapete – das Ergebnis nennen wir x. Teile die auf der Rolle angegebene Länge durch die Höhe des Raums (zuzüglich 10 cm zum exakten Zuschneiden) – das ergibt y. Nun teile x durch y und runde das Ergebnis auf, um die Zahl der Tapetenrollen zu berechnen. Bei

Tapeten mit großem Muster muss auch der Verschnitt einkalkuliert werden. Kaufe lieber zu viel als zu wenig, ungeöffnete Rollen kannst du meist zurückgeben. Achte beim Kauf darauf, dass alle Rollen die gleiche Chargennummer tragen, sonst kann es zu leichten Farbabweichungen kommen.

Maß nehmen für Vorhänge

Um Länge und Breite eines Vorhangs zu ermitteln, musst du die Stange oder Schiene ausmessen (nicht das Fenster), darum wird diese zuerst montiert. Addiere zur Gesamtlänge der Stange oder Schiene (ohne Endstücke) 2,5 cm für die Überlappung bei geschlossenem Vorhang. Lege dann die Länge fest – bis zum Boden oder bis zur Fensterbank? – und miss bis zu Stange oder Schiene aus. Die Verarbeitung der Vorhangoberkante (Seite 166) beeinflusst, wie der Stoff an der Schiene oder Stange hängt und wie er fällt. Die Vorhangbreite hängt von Material und Dicke des Stoffs sowie von der Verarbeitung der Oberkante ab. Am besten lässt du dich im Fachhandel beraten.

Maß nehmen für Rollos

Wenn eine Fensternische vorhanden ist, entscheide zuerst, ob das Rollo davor oder darin sitzen soll. Für die Mechanik ist eine Nischentiefe von mindestens 7,5 cm erforderlich. Miss Breite und Länge der Nische an mehreren Stellen, falls sie unregelmäßig ist. Ist keine Nische vorhanden oder soll das Rollo den Raum verdunkeln, wird es oberhalb des Rahmens montiert und sollte auf jeder Seite 5 cm überstehen, damit es auch die seitlichen Rahmen gut abdeckt. Ermittle die Länge und addiere 4 cm für die Mechanik. Miss auch hierbei an mehreren Stellen, um kostspielige Fehler zu vermeiden.

Sicherheit

Elektrizität, Gas und Wasser

Schalte bei Arbeiten an Lampen, Schaltern und Steckdosen immer die Sicherung ab! Es muss nicht die Hauptsicherung sein – die Sicherung für den betroffenen Stromkreis genügt. Wasser und Strom sind ein lebensgefährliches Paar, darum solltest du selbst beim Abwaschen von Wänden, in denen sich Stromanschlüsse befinden, die Sicherung abschalten. Benutze aus dem gleichen Grund niemals elektrische Werkzeuge in feuchten Räumen oder bei Regen im Freien. Du solltest auch wissen, wo sich der Haupthahn der Wasserleitung befindet, um bei einem Rohrbruch die Zufuhr unterbrechen zu können. Das Hantieren an Gasgeräten – außer zum Reinigen – solltest du unbedingt immer einem qualifizierten Fachmann überlassen.

Arbeiten auf der Leiter

Für Arbeiten in der Höhe ist eine Tritt- oder Bockleiter das sicherste Hilfsmittel. Stühle verteilen das Gewicht nicht gleichmäßig und können leicht umkippen. Beachte beim Aufstellen der Leiter die Sicherheitshinweise des Herstellers. Stelle die Leiter auf ebenen Grund und prüfe vor dem Hinaufsteigen, ob sie fest und kippsicher steht. Ziehe vernünftiges Schuhwerk an (nie barfuß oder mit Absätzen!) und lehne dich nicht zu weit über, sondern steige ab und stelle die Leiter um.

Gute Belüftung

Verarbeite lösemittelhaltige Produkte nur in sehr gut belüfteten Räumen, um keine gesundheitsschädlichen Dämpfe einzuatmen. Öffne Fenster und Türen, damit Durchzug entsteht und die Lösemitteldämpfe entweichen. Setze zusätzlich eine Atemschutzmaske auf.

Pass auf dich auf!

Die oben genannten Maßnahmen schützen dich vor vielen Risiken. Zusätzlich solltest du lange Haare zusammenbinden, damit sie sich nirgends verfangen können. Ziehe flache, geschlossene Schuhe (keine Sandalen) an, um deine Füße zu schützen. Stelle einen Erste-Hilfe-Kasten für kleine Verletzungen und eine Taschenlampe für den Fall eines Stromausfalls bereit. Improvisiere nicht, sondern arbeite immer nur mit dem geeigneten Werkzeug. Und mache vor allem regelmäßig Pausen, denn wer müde und unkonzentriert ist, macht leichter Fehler.

Adressen

Baumärkte

Max Bahr
www.maxbahr.de

Bauhaus
www.bauhaus.info

hagebaumarkt
www.hagebau.de

Hornbach
www.hornbach.de

OBI
www.obi.de

Praktiker
www.praktiker.de

toom
www.toom-baumarkt.de

Historische Baumaterialien

Salvo
www.salvoweb.com

Salvo ist eine Organisation, die 1991 zunächst als Verzeichnis von Händlern für historische Baustoffe gegründet wurde. Im Lauf der Zeit entwickelte sich daraus ein Netzwerk, in dem u.a. Meldungen über Diebstähle publiziert werden, um den illegalen Handel mit historischen Materialien zu erschweren. Heute gehören Salvo Anbieter aus vielen europäischen Ländern an. Auf der Internetseite sind neben Händleradressen auch Such- und Angebotsmitteilungen und andere Informationen zu finden.

Unternehmerverband historische Baustoffe
www.historische-baustoffe.de

Sonstige Fachhändler

Atelier Abigail Ahern
(Wohnaccessoires)
www.atelierabigailahern.com

Designers Guild Einrichtungs-GmbH
(Wohnaccessoires, Farben, Tapeten)
www.designersguild.com

Farrow & Ball
(Farben und Tapeten)
www.farrow-ball.com
(mit Händler-Suchfunktion)

5qm
(Originaltapeten aus den 1950er bis 1970er Jahren)
www.5qm.de

Habitat
(Wohnaccessoires, Tapeten, Möbel, Leuchten)
www.habitat.net

IKEA
(Flatpack-Möbel, Leuchten, Wohnaccessoires)
www.ikea.de

Roomzone Christina Samweber
(Fototapeten, Trompe-l'Œil-Tapeten)
www.roomzone.de

Squint
(Polstermöbel, Leuchten, Accessoires)
www.squintlimited.com

Tapeten der 70er
(Tapeten im Design der 1970er Jahre)
www.tapetender70er.de

Timorous Beasties
(Textilien und Tapeten mit ausgefallenen Motiven)
www.timorousbeasties.com

Wand-Gewand Thomas Staiger
(Fototapeten nach Wunsch)
www.wand-gewand.de

Wild at Heart
(Blumen, Wohnaccessoires)
www.wildatheart.com

Trödel und Antikes

Trödler gibt es in nahezu jeder Stadt und Flohmärkte werden rund ums Jahr veranstaltet. Entnimm Termine der Lokalpresse oder Internetseiten wie den folgenden:

www.troedelshop.com
www.melan.de/go/
  termine-antik.html
www.flohmarkt-termine.net
www.antikmarkt.net/index.php
www.antiquitaeten.com
www.favola-einrichtungen.de

Wer im Urlaub gern auf Märkten stöbert, sollte sich hier einmal umschauen:

Flohmarkt Clignancourt, Saint-Ouen/Paris

www.parispuces.com

Newark International Antiques & Collectors Fair

www.dmgantiquefairs.com

Portobello Road, London

www.portobelloroad.co.uk

Snooper's Paradise, Brighton

www.northlaine.co.uk/
  snoopersparadise

Kostenlos

Freecycle

www.de.freecycle.org

Freecycle ist ein nicht-kommer-zielles, ehrenamtlich betriebenes »Verschenk-Netzwerk« mit Grup-pen in verschiedenen deutschen Städten. Es werden nur kosten-los abzugebende Gegenstände angeboten! Kein Handel, kein Verkauf, keine Gebühren oder Kostenerstattungen.

Design-Blogs

www.apartmenttherapy.com
www.coolhunting.com
www.decor8blog.com
www.designersblock.blogspot.com
www.designspongeonline.com
www.designspotter.com
www.mocoloco.com
www.peakofchic.com
www.sfgirlbybay.com
www.stylebeat.blogspot.com

Handwerker finden

Im **Branchentelefonbuch** findet man jede Menge Adressen von Handwerksbetrieben, auch Annoncen in der **Lokalpresse** können bei der Suche helfen. Eine Adresse allein sagt aber nicht viel über die Qualität der geleisteten Arbeit aus – darum solltest du den Wert von **Mundpropaganda** nicht unterschätzen.

Ein umfangreiches Adressenver-zeichnis ist im Internet unter www.handwerkernet.de zu finden. Dort sind auch, nach Bundesländern gegliedert, die verschiedenen **Innungen** auf-geführt, bei denen man ebenfalls ortsansässige Betriebe erfragen kann.

Außerdem führt jede **Hand-werkskammer** eine Liste der selbstständigen Handwerker, die ein zulassungspflichtiges Hand-werk ausüben. Die zuständige Handwerkskammer findest du im Internet, z. B. unter www.handwerkskammer.de.

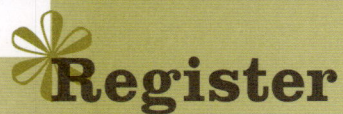 Register

Dank

Dank der Autorin

Ganz besonderen Dank schulde ich Anne Furniss und Helen Lewis bei Quadrille, die mir die einzigartige Möglichkeit zur Veröffentlichung dieses Buches eröffnet und mich während der Arbeit großartig unterstützt haben. Dank auch an Pauline Savage, die mein Geschreibsel geduldig und mit forensischer Genauigkeit lektoriert hat. Ganz herzlichen Dank an Graham Atkins-Hughes, dessen Fotos – wie immer – mehr als hinreißend sind.

Dieses Buch wäre nicht entstanden, wenn uns nicht viele hilfsbereite Menschen ihre Türen geöffnet hätten, um uns ihre schönen Wohnungen fotografieren zu lassen:

Nikki Tibbles, Floristin und Gründerin von Wild at Heart (www.wildatheart.com)

Interiordesigner Michael Bargo von Michael Bargo Inc (E-Mail: ny73@mac.com)

Designerin Lorraine Kirke und ihr toller Laden Geminola (www.geminola.com)

Rita Konig, Autorin, Raumgestalterin und Herausgeberin der Einrichtungszeitschrift Domino

Designerin Gemma Ahern und Tapetendesigner Russell Lewis (www.underthebridge.org)

Designerin Lisa Whatmough (www.squintlimited.com)

Ein ganz persönliches Dankeschön sage ich Gemma und Graham für einfach alles; meinen wunderbaren Eltern für Unterstützung und Anregungen; Gillian und Alan für ihre Begeisterung und unermüdliche Unterstützung.

Danksagung des Verlags

Der Verlag dankt John Peacock und Wendy Kyte vom Lewisham College für die technische Beratung sowie Gary von Able Skills.

Die im Buch veröffentlichten Ratschläge wurden mit größter Sorgfalt von Verfasserin und Verlag erarbeitet und geprüft. Eine Garantie kann jedoch nicht übernommen werden. Ebenso ist eine Haftung der Verfasserin bzw. des Verlages und seiner Beauftragten für Personen-, Sach- und Vermögensschäden ausgeschlossen, zumal Materialien, Werkzeuge, Arbeitsbedingungen und Geschick von Anwender oder Anwenderin sehr variabel sind. Grundsätzlich sind die Herstelleranweisungen zur Handhabung von Produkten und zu Sicherheitsvorkehrungen zu beachten.

Aus dem Englischen übersetzt von Wiebke Krabbe

1. Auflage
Copyright © der deutschsprachigen Ausgabe 2010
Deutsche Verlags-Anstalt, München, in der Verlagsgruppe Random House GmbH

Titel der englischen Originalausgabe:
A Girl's Guide to Decorating
Quadrille Publishing Limited
Alhambra House
27–31 Charing Cross Road
London WC2H 0LS
www.quadrille.co.uk

Text © 2009 Abigail Ahern
Design und Layout © 2009
Quadrille Publishing Limited
Fotografien © 2009
Graham Atkins-Hughes
Alle Rechte vorbehalten

Editorial director: Anne Furniss
Art director: Helen Lewis
Project editor: Pauline Savage
Designerin: Katherine Case
Fotografien: Graham Atkins-Hughes
Produktion: Marina Asenjo,
Vincent Smith

Umschlaggestaltung der deutschen Ausgabe:
Sofarobotnik • Augsburg & München
Satz der deutschen Ausgabe:
Edith Mocker, Eichenau
Produktion der deutschen Ausgabe:
Monika Pitterle/DVA

Printed and bound in China
ISBN 978-3-421-03781-7

www.dva.de